Dello stesso autore

L'élite senza potere
Vita e Pensiero, Milano 1963.
Ripubblicato da Bompiani, Milano 1973.

Consumi e società
Il Mulino, Bologna 1964.

*L'integrazione dell'immigrato
nella società industriale*
(in coll. con G. Baglioni)
Il Mulino, Bologna 1966.

L'attivista di partito
(in coll. con A. Manoukian,
F. Olivetti e A. Tosi)
Il Mulino, Bologna 1967.

Statu nascenti
Il Mulino, Bologna 1968.

Classi e generazioni
Il Mulino, Bologna 1970.

Italia in trasformazione
Il Mulino, Bologna 1976.

Movimento e istituzione
Il Mulino, Bologna 1977.

Innamoramento e amore
Garzanti, Milano 1979.

Le ragioni del bene e del male
Garzanti, Milano 1981.

L'albero della vita
Garzanti, Milano 1982.

L'amicizia
Garzanti, Milano 1984.

L'erotismo
Garzanti, Milano 1986.

Pubblico e privato
Garzanti, Milano 1987.

L'altruismo e la morale
(in coll. con S. Veca)
Garzanti, Milano 1988.

Genesi
Garzanti, Milano 1989.

Gli invidiosi
Garzanti, Milano 1991.

Il volo nuziale
Garzanti, Milano 1992.

Valori
Rizzoli, Milano 1993.

L'ottimismo
Rizzoli, Milano 1994.

Ti amo
Rizzoli, Milano 1996.

Il primo amore
Rizzoli, Milano 1997.

Abbiate coraggio
Rizzoli, Milano 1998.

Le sorgenti dei sogni
Rizzoli, Milano 2000.

La speranza
Rizzoli, Milano 2001.

L'arte del comando
Rizzoli, Milano 2002.

Il mistero dell'innamoramento
Rizzoli, Milano 2003

FRANCESCO ALBERONI

L'OTTIMISMO

BUR

ISBN 88-17-25860-1

Prima edizione BUR Supersaggi: marzo 1996
Tredicesima edizione BUR Saggi: luglio 2004

Vizi quotidiani

L'OTTIMISTA E IL PESSIMISTA

L'ottimismo e il pessimismo, a prima vista, ci sembrano due qualità equivalenti, con vantaggi e svantaggi di segno opposto. L'ottimista è più pronto all'azione, più attivo. Però sottovaluta le difficoltà e corre il rischio di avventurarsi in modo sprovveduto su strade pericolose. Il pessimista, al contrario, è eccessivamente prudente e finisce per perdere molte buone occasioni. Insomma, l'ideale sembra essere una accorta mescolanza di entrambi.

In realtà ottimismo e pessimismo non sono soltanto due atteggiamenti verso le difficoltà e verso il futuro. Sono anche due modi diversi di mettersi in rapporto con se stessi e con gli altri esseri umani.

Incominciamo con il pessimista. Abbiamo detto che ha una visione negativa del futuro. Ma ha anche una visione negativa degli uomini. Da loro si aspetta il peggio. Quando li osserva scopre dovunque le qualità peggiori, le motivazioni più egoiste, meno disinteressate. Per il pessimista la società è formata da gente gretta, corrotta, intimamente malvagia, sempre pronta a sfruttare a proprio vantaggio la situazione. Gente di cui non ci si deve fidare e che non merita il nostro aiuto.

Se gli raccontate un vostro progetto, lui, in poco tempo, vi mostra tutti gli ostacoli, tutte le difficoltà a cui andrete incontro. E vi farà capire che dopo, una volta raggiunto l'obiettivo, non avrete che amarezze, delusioni e umiliazioni. In poco tempo vi farà sentire svuotato, privo di forze.

Il pessimista ha uno straordinario potere di contagio. Talvolta basta incontrarlo al mattino, per strada, e, in poco tempo, vi trasmette tutta la sua negatività e la sua passività. Ci riesce sfruttando alcune tendenze presenti in tutti noi e che non aspettano altro che di essere svegliate e potenziate.

La prima è la nostra paura del futuro. La seconda è la nostra naturale pigrizia, la nostra tendenza a stare fermi, chiusi nel nostro guscio. Il pessimista, infatti, è fondamentalmente un pigro. Non vuol fare sforzi per adattarsi al nuovo. È abitudinario. Ha rituali precisi per il risveglio, per il pranzo, per il weekend.

Di solito il pessimista è anche un avaro. Perché deve essere generoso, se tutto il mondo è pieno di avidi, di corrotti, di profittatori? Non poche volte infine, è invidioso. Provate a farlo parlare, e vedrete che elogia ciò che ha realizzato nel passato. E aggiunge che avrebbe potuto fare di più se non fosse stato ostacolato, se non ci fosse stata tanta corruzione, se non gli fossero stati preferiti i non meritevoli.

Passiamo ora all'ottimista. L'ottimista, confrontato al pessimista, appare un ingenuo. Si fida degli uomini, si espone al rischio. Se lo osservate più attentamente, però, vi accorgete che, in realtà, vede le malvagità e le debolezze degli altri. Però non si fa arrestare da questi ostacoli. Conta sul fatto che in ogni essere umano ci sono delle qualità positive e cerca di risvegliarle.

Il pessimista è rinchiuso in se stesso e non ascolta gli altri, li percepisce come entità minacciose. L'ottimista, invece, è attento alle persone. Le lascia parlare, dedica loro del tempo, le osserva. In questo modo riesce ad identificare, in ciascuno, quell'aspetto positivo, quella qualità che può esaltare, mettere a frutto.

Così riesce a trascinare gli uomini, ad unirli, a guidarli verso una meta. Tutti i grandi organizzatori, tutti i grandi imprenditori, tutti i grandi politici devono avere questa capacità.

L'ottimista riesce anche a superare meglio le difficoltà. Perché è più aperto a nuove soluzioni e può rapidamente trasformare uno svantaggio in un vantaggio. Il pessimista vede la difficoltà prima, ma se ne lascia ipnotizzare, paralizzare. Mentre, spesso, basta solo un po' di fantasia per rovesciare la situazione.

Il pessimista vede tutto nero. Di qualsiasi argomento tu parli, qualsiasi progetto tu faccia, lui scopre subito gli aspetti negativi. Si paralizza e ti paralizza. Non ha fiducia e ti toglie la fiducia. Se è un artista risponde che tutti i galleristi sono dei ladri, che i critici sono corrotti e i clienti ignoranti. Se fa un concorso è sicuro che gli esami sono truccati. Non vale perciò la pena di muoversi, non vale la pena di darsi da fare. Non vale la pena di fare progetti, di spendersi, di agire. Il pessimista non lascia libera nemmeno la sua immaginazione.

Anche il cinico non crede nella bontà degli uomini, però, a differenza del pessimista, agisce. Sa che l'essere umano è sognatore, ingenuo, ipocrita, ambizioso, avido, vile, approfittatore e irriconoscente. Sa che è vanesio e ama l'adulazione. E lui è pronto ad approfittare di tutte queste debolezze, di tutte queste meschinità. Il cinico si sente al di sopra del bene e del male, è pronto a sfruttare le bassezze umane, i vizi umani per arrivare alla sua meta. È machiavellico. La sua virtù fondamentale è l'astuzia. Sa essere paziente. C'è sempre, nella persona più pulita e più onesta, un piccolo difetto, una debolezza su cui si può far leva. Quanto a lui non si fa illusioni. Diffida delle persone che si proclamano amiche e pensa che lo facciano per opportunismo. Il cinico è un manipolatore delle passioni. Sa condurre gli uomini dove vuole. Alcuni leaders politici sono di questo tipo. Non pensano di migliorare il mondo, non ci credono. Sfruttano la parte peggiore di coloro che li seguono, li coinvolgono nel loro cinismo. Sono dei corruttori.

Il terzo tipo umano è l'entusiasta. L'entusiasta è un infaticabile sognatore, un inventore di progetti, un creatore di strategie, che contagia gli altri con i suoi sogni. Non è cieco, non è incosciente. Sa che ci sono difficoltà, ostacoli talvolta insolubili. Sa che su dieci iniziative nove falliscono. Ma non si abbatte. Ricomincia da capo, si rinnova. La sua mente è fertile. Cerca continuamente strade, sentieri alternativi. È un creatore di possibilità. L'entusiasta sa che l'uomo è debole, sa che c'è il male, vede le meschinità. Ha subito delle delusioni. Però ha deciso di contare sul bene, di puntare su quello. Fa appello alla parte più creativa, più generosa di coloro che lo circondano. Li stimola ad usarla, a metterla a frutto. Li costringe, loro malgrado, ad essere migliori di come sarebbero stati. E, così, fa germogliare le loro potenzialità, li fa crescere. Li trascina con sé dando loro la dimostrazione che, agendo con slancio, con ottimismo, in modo generoso, le cose sono possibili.

Vi sono delle persone che vi danno sempre delle cattive notizie. E ve le danno nel momento meno adatto, quando non ci potete fare nulla. La saggezza popolare era diffidente verso di loro. Li chiamava profeti di sventura. Noi, invece, credendoci più saggi e più razionali, scrolliamo le spalle ed, anzi, spesso siamo loro riconoscenti, perché si prendono cura di noi e ci sembrano obiettivi, schietti, sinceri. Facendo così sbagliamo, perché il portatore di cattive notizie è un tipo psicologico e sociale particolare che agisce con uno scopo fondamentalmente malvagio.

Quando un vostro amico deve darvi una notizia che lui sa che vi farà soffrire, è molto prudente. Studia il momento più adatto. Non ve la telefona nel cuore della notte, non ve la dice un istante prima che voi entriate a fare un esame. L'allenatore si guarda bene dal dare una cattiva notizia ad un campione che sta per iniziare una gara. Il capocomico aspetterà che lo spettacolo sia finito perché vuole che l'attore sia sereno. Noi cerchiamo di evitare il più possibile di far soffrire coloro a cui vogliamo bene e di turbare coloro che hanno bisogno di serenità.

Il portatore di cattive notizie, invece, non si preoccupa di nulla. Non pensa a come state, a cosa state facendo. Non appena vi vede, vi dice la cosa sgradevole. Se è in confidenza, ve la telefona di notte. Ve la dice al mattino appena alzati, rovinandovi la giornata. E se si accorge che voi restate sconvolti e volete saperne di più, aggiunge particolari sgradevoli, fa intuire possibilità ancora peggiori. Noi siamo tratti in inganno dal suo interesse che scambiamo per sollecitudine, dal suo eccitamento, che scambiamo per partecipazione emotiva.

In realtà il portatore di cattive notizie prova piacere a dirvele, a vedere il vostro imbarazzo, la vostra ansia. Egli appartiene allo stesso tipo umano che viene a riferirvi le malvagità che gli altri dicono su di voi. Avrete tutti degli «amici» che, incoraggiandovi, vi riferiscono, per il vostro bene naturalmente, che nel tal posto dicevano che voi siete un incapace, mentre nel talaltro che siete un poco di buono. E ve lo riferiscono con dovizia di particolari. Con le parole esatte e, nel pronunciarle sembra che, in qualche modo, condividano il parere di chi le ha dette, visto che le ricordano così bene, e il suono sembra lo stesso.

Infatti è così. Ve le riferiscono perché non hanno il coraggio di dirle loro stessi. Erano d'accordo con chi le pronunciava. Un vostro amico, un vero amico, avrebbe parlato in vostra difesa, si sarebbe indignato. Loro no. Loro stavano zitti. E, così facendo, avallavano il parere degli altri, si schieravano dalla loro parte.

Il portatore di cattive notizie o che riferisce malvagità, mentre ferisce la sua vittima, la tiene legata. La sua abilità consiste nell'apparire sollecito, interessato a voi, addirittura indispensabile. Chi riceve una cattiva notizia, chi si sente minacciato, ha bisogno di informazioni, di aiuto, di consigli. E tende ad aggrapparsi a chi è più informato, a chi è più vicino, a chi sembra interessato ai suoi problemi. Cioè al portatore di cattive notizie, che può così apparire un alleato, un salvatore. In realtà egli approfitta della situazione per aggravare la dipendenza dell'altro, per accrescerne l'ansia.

Alcune persone cadono nella trappola e si lasciano plagiare e si mettono nelle mani dei loro aguzzini. Come quei pazienti ipocondriaci che diventano schiavi di medici disonesti che aggravano le loro paure.

Un'altra tecnica di dominio del portatore di cattive notizie è la creazione del senso di colpa. Questo riesce a farlo quando è in rapporti di intimità con la sua vittima. Per esempio con la moglie, il marito, il padre, la madre, il figlio. Uno dei casi più frequenti e più noti è quello della moglie che tiene sotto una continua tensione il marito creandogli sensi di colpa. Non appena è partito, lontano, a Düsseldorf o ad Algeri, gli telefona che il bambino si è fatto male. E resta volutamente nel vago, dicendo che non è nulla, ma trasmettendogli la sua ansia con la voce, i sospiri. Poiché l'altro non può fare nulla, la sua tensione si trasformerà in insonnia, in senso di colpa per aver abbandonato la povera donna sola.

Il corrispondente maschile di questo tipo di donne è il marito sempre ansioso, sempre preoccupato per il lavoro, per il denaro, per il suo cuore. Ogni volta che apre bocca le presenta un problema insolubile, per cui lei si sente stupida, inutile, incapace, in colpa.

Il portatore di cattive notizie è, nel profondo, un pessimista, uno scettico che non crede negli esseri umani. Non crede nella bontà, non crede nella buona fede. Dovunque guardi scopre manipolazioni, intrighi, scopi disonesti. Quando viene accanto a voi e vi sussurra notizie di sventura e malignità, descrive solo ciò che ha visto. Nello stesso tempo sfoga il suo rancore verso di voi perché non siete diverso dagli altri. E, mentre vi manipola, pensa non vi meritiate nulla di meglio.

IL PESO DELLA RICONOSCENZA

Nel *Paradiso perduto*, di Milton, Satana spiega la sua rivolta contro Dio dicendo che non riusciva più a reggere il peso, insopportabile, della riconoscenza. A ciascuno di noi sarà capitato di osservare che, spesso, sono proprio le persone che abbiamo trattato meglio, con più generosità, disinteressatamente, quelle che poi ci rimproverano e ci accusano.

Facciamo un esperimento mentale. Immaginiamo di essere molto ricchi e di andare per strada in un quartiere poverissimo. Scegliamo un ragazzo a caso e lo facciamo studiare, aiutiamo i suoi genitori, gli comperiamo motociclette, automobili, lo favoriamo in ogni modo nella carriera. E non gli diamo le cose ogni volta perché se le merita, ma per pura e semplice nostra generosità. Quale credete che sia il risultato? Un disastro. Perché il ragazzo non riesce a stabilire il rapporto fra ciò che fa e quello che riceve. Dopo un po' di tempo si comporterà come se tutto gli fosse dovuto.

Agendo in questo modo voi siete venuti meno a una regola fondamentale di qualsiasi rapporto educativo. Non bisogna dare nulla senza che l'altro se lo sia meritato.

I nostri desideri hanno la tendenza a crescere illimitatamente. Noi impariamo a frenarli solo incontrando e superando gli ostacoli, le prove. Sono queste che ci danno il senso del valore. Il valore di un oggetto è fondato sul merito con cui noi ce lo siamo acquistato. Tutte le famiglie di solida tradizione borghese abituano i bambini e i ragazzi alla parsimonia e insegnano loro che per avere una cosa se la devono meritare.

Invece il povero che fa una forte vincita alla lotteria, quasi sempre, in poco tempo, sperpera tutto. Ma anche nei matrimoni avviene lo stesso. È capitato a uomini ricchi e famosi (e ad attori celebri) di sposare una ragazza povera e sconosciuta. Loro immaginavano che, abituata alla povertà, sarebbe rimasta umile, modesta, parsimoniosa. In più, che sarebbe stata loro sempre riconoscente per averla portata così in alto. Al contrario, di solito, in questi matrimoni la persona povera in poco tempo si mette a spendere come una pazza e non intende ragioni.

Se il marito si oppone, chiede il divorzio, gli divora somme enormi in alimenti e lui può ringraziare il Cielo se poi lei non vende a qualche rivista scandalistica la storia della sua vita rovinata da un uomo cinico e crudele.

L'errore, l'immoralità non sta perciò soltanto in chi è così sfacciatamente irriconoscente. L'errore è anche di chi dà in base al semplice impulso emotivo, al semplice piacere di dare.

Questa non è una critica alla generosità, all'amore. Non c'è nulla al mondo di più bello dell'altruismo. E non c'è nulla di più squallido della persona avida, avara, rapace. Ma non bisogna confondere la generosità con la prodigalità, che è uno spendere e dare senza ragione e senza giustizia. Il prodigo non si preoccupa veramente del bene degli altri, del reale effetto benefico delle sue azioni. Prova piacere nel dare, nell'ammirazione che suscita.

Spesso i prodighi sono persone che hanno guadagnato il denaro con facilità, con l'astuzia, con l'inganno, con un gioco rischioso. E che non hanno perciò chiaro, dentro di loro, il rapporto fra merito e valore. Di solito si circondano di cortigiani, di giullari, di persone che vivono della loro prodigalità. Persone che riempiono di favori, ma che non stimano, che trattano male perché le disprezzano. E non si accorgono che costoro, sentendosi continuamente umiliati, schiacciati, offesi dalla loro ostentazione, covano un cupo risentimento, un livore, un odio che si manifesterà non appena potranno farlo.

La vera, profonda riconoscenza, la riconoscenza come virtù, è fondata sulla generosità e sulla giustizia. Chi è generoso secondo giustizia deve preoccuparsi realmente del bene dell'altro. E chi riceve secondo giustizia resta libero. È così difficile che la gente sia obiettiva con noi, che comprenda il nostro bisogno, che apprezzi ciò che facciamo! È questo che chiediamo agli altri. E chi ci dà questo con generosità, allora lui è il nostro vero benefattore.

L'ABITUDINE

Noi siamo costruiti, intessuti delle nostre abitudini. Di quei movimenti, di quei gesti, di quei modi di reagire e di pensare che facciamo automaticamente, che non ci costano fatica.

Quando penso all'abitudine, mi viene in mente un grosso leone che ha appena mangiato. Poiché ha una digestione lenta e difficile, ha bisogno di restare adagiato a lungo, sonnecchiando, e non sopporta di venire disturbato. E mi vengono in mente tutti gli abitudinari, persone amabilissime di solito, ma che diventano scorbutiche e di malumore quando vengono scosse dalla loro tranquilla regolarità.

Le abitudini incominciano tutte così, assecondando il nostro corpo e la nostra pigrizia. E allora il corpo, soddisfatto, si adagia nel benessere, si dilata, mentre la nostra intelligenza e la nostra volontà si ritirano, si rimpiccioliscono. L'uomo abitudinario è come se avesse un corpo immenso e un cervello piccolissimo, incapace ormai di smuoverlo. Perché siamo noi, è la nostra volontà che costringe il corpo a diventare un suo strumento. Siamo noi, è la nostra volontà, che costringe l'intelligenza a crescere, ad affrontare le sfide, a risolverle.

La vita è un continuo processo di adattamento a situazioni nuove, impreviste ed imprevedibili. Per sopravvivere noi dobbiamo essere capaci di avventurarci su sentieri ignoti. La stragrande maggioranza delle imprese fallisce perché non riesce ad adattarsi ai cambiamenti del mondo esterno. Noi, come individui, invecchiamo fisicamente ed intellettualmente se non sappiamo gettar via una parte di ciò che siamo e guardare il mondo da un'altra prospettiva. Se non sappiamo rigenerarci.

Una cosa difficile, faticosa e dolorosa, che nessuno affronta se non per motivi gravissimi o perché mosso da un grande ideale.

Un motivo gravissimo è la fame, la disoccupazione che ha spinto milioni di italiani ad emigrare all'estero e che porta oggi milioni di immigrati del terzo mondo da noi. Si adattano a fare qualsiasi lavoro, dimenticano le loro abitudini, i loro costumi, imparano i nostri, come imparano la nostra lingua. Più in fretta lo fanno e più hanno probabilità di sopravvivere, di riuscire.

Un altro motivo è l'amore. La persona innamorata si affaccia a una vita nuova, vuole rinnovare se stessa e il mondo, è disposta a cambiare e chiede all'amato di fare altrettanto. E, di solito, un amore finisce quando ricominciano ad apparire le vecchie abitudini che, nella fusione entusiastica dell'innamoramento, sembravano scomparse.

Un terzo motivo è un ideale. Ho presente il caso di un personaggio importante del nostro paese che, da giovane, era grasso, timido, impacciato. Ma voleva diventare magro, simpatico, brillante. C'è riuscito con uno sforzo di volontà incredibile, con una autodisciplina ferrea. Ed ho presente il caso di una donna che, fino a diciott'anni, è vissuta in una casa isolata del meridione ad allevare cinque fratellini e a fare faticosi lavori di bracciante nei campi, con la sola licenza elementare. Poi è andata a Milano, si è messa a lavorare e, studiando di notte, ha fatto la scuola media inferiore, quella superiore, l'università. È diventata assistente universitario ed oggi, a quarant'anni, è una professionista affermata e una raffinata scrittrice.

Tutti coloro che hanno affrontato un cambiamento così profondo, per necessità, per amore, per ideale, ci sono riusciti con un lavoro paziente, giorno per giorno, dominando le proprie abitudini minuto per minuto, come un attore sulla scena, come una ballerina che modella il suo corpo nella danza. Se si fossero abbandonati alla pura «spontaneità» sarebbero scivolati indietro.

Ma questo pericolo, in realtà, lo corriamo tutti. Tutti possiamo venir risucchiati dalle nostre abitudini e, per andare avanti, per vedere il mondo con la freschezza di un fanciullo, dobbiamo essere pronti a combatterle con assoluta determinazione.

I NICHILISTI

Nel corso della storia ci sono sempre stati due tipi di uomini, di cultura, di mentalità: i costruttori e i distruttori. Chi arava il terreno, lo seminava, raccoglieva le messi, e i predoni che arrivavano saccheggiando. I costruttori delle città e i nomadi che irrompevano dalle praterie, avidi e sanguinari.

Nel Medioevo esistevano individui e gruppi che odiavano il benessere delle grandi città mercantili come Venezia e Firenze e avrebbero fatto un rogo delle opere d'arte. Era la mentalità di Savonarola, di molti inquisitori, che vedevano dovunque male, arti demoniache, corruzione, impurità.

Nel secolo scorso Nietzsche li ha ben identificati e li ha chiamati nichilisti, dal latino *nihil*, niente. Perché non vogliono qualcosa, ma che le cose non ci siano. Pieni di risentimento, di livore, essi sono contro tutto ciò che emerge, contro tutto ciò che funziona bene, che è sano, lieto, trionfante. Li troviamo tanto a destra quanto a sinistra, fra i cattolici come fra i laici, perché la loro è una mentalità, l'essere contro, il poter azzannare, distruggere. I nichilisti di destra erano antisemiti perché gli ebrei erano intelligenti, ricchi, avevano successo. I nichilisti di sinistra erano contro il capitalismo perché produceva ricchezza, abbondanza, benessere. I fascisti, alla domanda, volete la vita comoda? rispondevano: «No!». E i marxisti ce l'avevano con Hollywood, la società dei consumi, la decadenza borghese.

Il nichilista sta male se vede gente soddisfatta, contenta, in pace. Adora il conflitto, la guerra, la distruzione. Gli fa piacere pensare che la società in cui vive è in crisi, sull'orlo della catastrofe. Sta sempre dalla parte dei suoi nemici, chiunque siano.

La mentalità distruttiva, nichilista, c'è all'interno di qualunque schieramento politico, perché è un modo di pensare. Provate a confrontare con cura, i diversi commentatori. I nichilisti sono quelli incapaci di un giudizio positivo, di un elogio, di una proposta costruttiva. Mordono, abbaiano, si indignano, si esaltano della loro ferocia. Le persone di questo tipo, nelle rivoluzioni, nei regimi totalitari, nelle guerre, vanno a fare mestieri a loro congeniali. Nella Chiesa il persecutore e il torturatore degli eretici e delle streghe, durante il fascismo la spia dell'Ovra, in Urss il commissario politico, il funzionario della polizia segreta che perseguita i dissidenti e li manda nei campi di concentramento.

In un'epoca come la nostra, democratica, pacifica, senza polizie segrete, si inventano un mestiere da persecutore utilizzando quanto trovano. Alcuni si sfogano facendo il giudice inesorabile, spietato. Altri si dedicano ad attività finanziarie di rapina. Nel film *Pretty Woman*, c'è uno di costoro, che gode distruggendo le imprese industriali, sbranandole, mandando in rovina i loro proprietari.

Molti sono nella malavita o hanno rapporti con essa. Altri si trovano una nicchia in un giornale in cui attaccare sadicamente scrittori, intellettuali, artisti. Ci sono alcuni critici di questo genere che distruggono, con le loro parole, con i loro scritti, qualsiasi opera capiti nelle loro mani. E più l'altro ha valore, più merita, più lo colpiscono, lo insultano, lo diffamano. Non potendo sfogare il loro odio con il rogo, lo soddisfano con la calunnia.

I nichilisti li trovate nel vostro ambiente, fra i vostri colleghi, fra i vostri familiari, fra i vostri falsi amici. Ciò che li accomuna è la più totale mancanza di rispetto per il vostro lavoro, per ciò che avete edificato con cura, con dedizione. Loro lo spazzano via con una parola, con una battuta. E sono felici di vedervi soffrire.

NON DARGLI LA SODDISFAZIONE

Noi tutti, uomini e donne, giovani e vecchi, abbiamo bisogno di avere valore. Gli psicoanalisti parlano di stima di sé, autostima. Ma nessuno può dare valore a se stesso. Il valore ci viene sempre dagli altri. A cominciare dal bambino che sa di valere perché la sua mamma lo stringe al seno, lo bacia e gli dice che è bello. Ma questo processo continua tutta la vita. Noi periodicamente abbiamo bisogno di sentirci stimati, apprezzati dalle persone che, ai nostri occhi, hanno le qualità per farlo.

Chi ha il potere di dare i riconoscimenti che contano? Volta per volta solo certe persone o certe categorie sociali. Al ragazzo non basta che sia un amico a dirgli che è intelligente. Ha bisogno di sentirselo dire dall'insegnante e da suo padre. Ma non basta il padre a dar fiducia in se stesso ad un giovane atleta. Lui ha bisogno del giudizio dell'allenatore.

Nell'innamoramento noi intravvediamo, in una persona, l'essenza stessa della vita e della felicità. In questi casi ci basta il giudizio dell'amato e il suo amore per affrontare, con fiducia, il resto del mondo. Concludendo, sono due le categorie di persone da cui dipendiamo per conoscere il nostro valore: coloro che amiamo e quelle che occupano un ruolo professionale specifico.

Buona parte delle dinamiche che si svolgono nelle famiglie e nelle imprese si spiegano con il bisogno di riconoscimento. E molte forme di potere sono fondate sulla capacità, che alcune persone hanno, di far desiderare il riconoscimento senza darlo. Sono le persone che «non ti danno la soddisfazione». Appena si accorgono che voi aspettate qualcosa, una lode, un premio, un'approvazione, scatta in loro il gusto di negarvelo.

Talvolta è solo per gioco, come capita fra ragazzi. Quando uno vince, ottiene un bel voto, gli altri, anziché elogiarlo, lo prendono in giro. O è il padre che, quando il figlio fa bene a scuola, gli dice in modo asciutto che ha fatto soltanto il suo dovere.

Altre volte, invece, è per acquistare un potere sull'altro, approfittando del suo desiderio di affetto e di approvazione. Vi sono alcune forme di falsa amicizia in cui uno dei due gioca ad essere indifferente, superiore. E l'altro si fa in quattro per attirare la sua attenzione, per ottenere un gesto affettuoso, uno sguardo, un elogio.

Questo meccanismo di dominio viene più spesso usato all'interno della famiglia approfittando del naturale desiderio di riconoscimento che si stabilisce fra chi si vuol bene. Talvolta è il marito che non si fa mai strappare di bocca un complimento, una frase di ammirazione. La donna gli arriva davanti vestita con gusto, truccata e pettinata alla perfezione. Ma lui riafferma il suo dominio ricordandole che spende troppo.

A volte è la moglie che, in casa e davanti ai figli, rifiuta al marito quel riconoscimento di cui gode fuori. Nel mondo professionale lui è un uomo di successo. È temuto, apprezzato, ammirato. Vorrebbe vedersi riconosciuto nello stesso modo anche da lei. Ma non ci riesce. Più lui si fa in quattro per riuscirci, più lei gli trova dei difetti. Ne parla con le amiche, li fa notare ai figli. Lui sarà un grande uomo fuori, ma nell'intimità non vale nulla. E, in questo modo, lo tiene in pugno.

Spesso i genitori desiderano il riconoscimento dei figli e, in caso di separazione o di divorzio, fanno a gara per mettersi in buona luce svalutando l'altro.

Il desiderio di riconoscimento, e il modo in cui viene amministrato, costituiscono una parte essenziale della vita artistica, professionale ed accademica. Alcuni critici si sono costruiti una fama stroncando tutti coloro che promettevano di avere successo. Ma anche nelle imprese le persone capaci di usare il meccanismo della svalutazione riescono spesso ad acquistare molto potere.

Ho in mente il caso di un dirigente che era quasi arrivato ad impadronirsi di un'azienda esautorando la famiglia proprietaria. Aveva approfittato di un periodo di difficoltà per entrare nelle loro grazie. Poi aveva distrutto tutti i dirigenti ed i consulenti che potevano fargli ombra. Era sempre severo, accigliato, inflessibile. In tutti trovava difetti. Non perdeva occasione per denunciarli in modo spietato. Per anni ed anni dalla sua bocca non è mai uscita una parola di ammirazione o di elogio.

Questo tipo di dirigenti, spesso, nei primi tempi,

ottengono buoni risultati perché i dipendenti si fanno in quattro per ottenere un riconoscimento. Poi i più intelligenti, i più dotati, capiscono il gioco e se ne vanno. Con loro restano solo i mediocri e così, a poco a poco, sprofondano nella mediocrità. Questo è il destino comune a tutti coloro che non riescono a riconoscere il valore altrui. Di restare senza valori.

L'INDULGENZA

Le buone maniere ci impongono di ridurre al minimo il disagio che procuriamo agli altri, ci aiutano a vivere in armonia. Noi non tocchiamo l'oggetto di un altro, non rivolgiamo la parola a una persona senza un motivo accettabile. Prima di parlare la salutiamo, ci presentiamo, chiediamo il permesso, ci scusiamo, ringraziamo.

Noi siamo estremamente attenti ai comportamenti degli altri. Li studiamo con cura per capire le loro intenzioni. Che persona è il mio nuovo vicino di casa? Quali sono i veri sentimenti del mio collega? In tutti questi casi siamo esigenti, rigorosi.

Ci sono invece delle circostanze in cui sospendiamo il giudizio. Coi bambini, con gli adolescenti, con le persone bisognose, con gli ignoranti. Cerchiamo di giustificarli. Abbassiamo le nostre difese. Siamo indulgenti.

In questo modo, però, spesso finiamo per diventarne le vittime. Dove finisce l'ignoranza e dove incomincia la provocazione? I bambini, già da piccoli, sono dei maestri della provocazione. Sanno benissimo come esasperare i loro genitori piagnucolando. E non si comporta nello stesso modo quel vucumprà che non vuole spostarsi dal mio ombrellone? Non mira a farmi perdere le staffe per farmi apparire un razzista? E la cameriera che, canticchiando, ti brucia la giacca di un vestito appena comperato e si giustifica dicendo: «Non l'ho fatto apposta», è veramente così innocente?

I deboli possono mettere a frutto la loro debolezza, trasformarla in arma di pressione. Sfruttare così la mia indulgenza.

È il caso dei drogati che impongono ai propri genitori ogni sorta di ricatti e di taglieggiamenti. Il drogato ruba, mente, imbroglia, però ha il terribile alibi, la terribile giustificazione della droga. Il singolo non riesce a resistergli moralmente. Viene annientato. Può farlo solo una comunità dove ci sono altri come lui.

Sono molti i deboli che sfruttano l'indulgenza altrui. Lo fanno i figli nei riguardi dei genitori. Ma anche i genitori nei riguardi dei figli. Moltissime madri si prodigano per i figli maschi, ma poi si comportano come delle amanti possessive. Altre sfruttano il senso di colpa delle figlie femmine. Si danno da fare per rendersi indispensabili, ma poi pretendono che l'altra le assista in continuazione.

Noi immaginiamo sempre che una persona debole e fragile sia buona. Non è vero. Mi viene in mente una donna anziana, un po' squilibrata, che viveva sola e che mi faceva compassione. Poi mi sono accorto che era veramente malvagia, addirittura crudele. I malati mentali, i vecchi, sono spesso aggressivi. Siamo noi che cerchiamo di vederli migliori di quanto non siano.

PER METTERSI IN MOSTRA

Ogni essere umano cerca di farsi apprezzare. O anche soltanto di esistere, di affermare la propria esistenza, impedire che venga ignorata. Lo vediamo prestissimo fra i bambini che, quando si sentono trascurati, attirano su di sé l'attenzione con il pianto. Crescendo imparano altri modi per affermarsi. In una scolaresca c'è quello che si distingue per la sua gentilezza e la sua cortesia, quello che si impone con la sua bravura, e infine quello che si afferma con gli scherzi, le buffonate e i dispetti. Quello che fa le corna e le boccacce in una foto di gruppo. I ragazzi spesso usano il chiasso, gli schiamazzi. Riempiono di sé lo spazio, lo invadono. Magari con l'urlo di un motorino piccolissimo che lacera il silenzio della valle.

Ciò che vediamo con chiarezza nei bambini, di solito ci sfugge nell'adulto. Perché l'adulto ha imparato a nascondere la strategia per affermare se stesso dietro azioni apparentemente razionali. Ecco, siamo in un ospedale. Alle sei del mattino arrivano le infermiere, parlando ad alta voce, aprono le finestre, sbattono le porte. Negli alberghi scadenti i camerieri chiacchierano nei corridoi, urlano. In strada i muratori si chiamano dal pianterreno al quinto piano. Tutti affermano la propria importanza sui clienti, sui passanti, su di voi. Se però vi lamentate, vi rispondono indignati: «Ma io sto lavorando». Il lavoro è la loro copertura.

A volte il chiasso diventa lotta domestica, come in questa storia vera, terminata con il divorzio. Lui era un intellettuale che lavorava in casa. Lei una donna energica che si seccava a vederlo sempre chino sui libri. Allora, senza forse nemmeno rendersene conto, faceva un baccano indiavolato in cucina. Le si rompevano in continuazione i piatti, i bicchieri, le cadevano le seggiole. Col rumore gli dimostrava che la sua attività era importante quanto il suo studio. La professionalità è discrezione. Il cameriere professionale scivola silenzioso dietro i clienti, riempie i bicchieri invisibile. La domestica incapace invece entra salutando come una soubrette. Il suo scopo non è servire, ma mettere in mostra la sua persona. Vi è certo capitato di essere ospiti di una padrona di casa estremamente sollecita, cerimoniosa, ma che non vi lascia mai in pace un momento. Mentre siete assorti in una conversazione interessante, arriva con qualcosa da bere o da mangiare e insiste calorosamente perché lo proviate. Oppure viene a prelevare qualcuno per trascinarlo da un'altra parte. L'importante è tornare ad essere lei il centro dell'attenzione.

In tutte le feste il pubblico si divide in attori e in spettatori. Ma poi cambiano i ruoli. Chi prima parlava, ora sta zitto e tocca all'altro. Ma ci sono delle persone che non sanno assolutamente ascoltare. O parlano, o recitano sempre loro, o si stancano, diventano irrequiete, se ne vanno. Quando ce ne sono due di questo tipo allora scoppia, inevitabile, la competizione. Che spesso è sleale. Una volta ad una festa avevano invitato un poeta raffinato e famoso. Ma aveva come concorrente un antiquario astuto e maligno che si era messo a fare le carte alle signore con allusioni piccanti. In poco tempo tutte le donne lo circondarono con gridolini di eccitamento. Vittoria!

Avrete notato che ci sono delle persone che non finiscono mai la frase. La incominciano, sembra che vogliano comunicarvi qualcosa e poi si interrompono come se stessero pensando, come se stessero cercando la parola. Nel frattempo fanno un gesto, si spostano, prendono un oggetto. Voi state attenti, aguzzate le orecchie, talvolta li seguite per ascoltare meglio. Ma loro restano zitti. Poi come se nulla fosse, incominciano un altro periodo, dicono un'altra frase. E ad un certo punto si fermano nuovamente, distratti, e così via. È un comportamento irritante che affatica e frustra l'ascoltatore.

Ho capito il suo significato solo poche sere fa osservando, non ricordo su quale rete televisiva, un incontro di pugilato in cui il commentatore sportivo più o meno parlava così: «Ecco il campione avanza chiaramente con l'intenzione di... Combatte come ha fatto lo scorso anno a Las Vegas quando... Occupa stabilmente il centro del ring da dove... L'arbitro interviene, ma secondo me...».

Ogni volta, cioè, dava una informazione elementare, poi sembrava sul punto di aggiungerne un'altra più importante, più interessante. Voi avevate l'impressione che lui sapesse moltissimo, che potesse raccontarvi chissà che. In questo modo attirava l'attenzione su di sé, sulla sua bravura, sulla sua competenza e costringeva tutti a seguirlo, ad aspettare ciò che stava per dire. Coloro che non finiscono le frasi lo fanno tutti per questo stesso motivo. Per calamitare l'attenzione sulla propria persona, per diventare il centro della scena. Mi viene in mente, per analogia, un comportamento che ho più volte osservato fra i camerieri spagnoli. Sono fieri, si vergognano a mostrarsi attenti e deferenti verso i clienti. Allora passano fra i tavoli altezzosi, con pose da ballerini di flamenco. Non gli interessa servire bene, vogliono mettere in mostra il loro corpo, affermare la propria importanza.

Le persone che non finiscono le frasi, però, vogliono qualcosa di più. Vogliono occupare, colonizzare la mente dell'altro. Si fermano apposta perché voi restiate in attesa. Insomma appartengono alla stessa categoria di persone che, quando siete lontani vi telefonano dicendo che ci sono dei problemi, ma non vogliono parlarvene, lo faranno al vostro ritorno. Oppure che si fanno cercare senza farsi trovare. Queste persone sono anche particolarmente abili nel creare dei sensi di colpa. O facendo la vittima o rimproverandovi qualcosa. Voi dovete ogni volta spiegare, giustificarvi. In questo modo occupano la vostra mente, vi manipolano, vi affaticano.

Le persone che non finiscono le frasi, di solito, incominciano anche moltissime attività che poi non portano a termine. Preparano tutto con cura, comperano i libri, gli attrezzi per iniziare un lavoro, studiano, ne parlano, si dimostrano competenti. Poi passano ad altro. La loro casa è sempre piena di roba, la loro vita piena di impegni e di scadenze improrogabili. Gli altri devono adeguarsi al loro passo, ai loro ritmi. Nessuno può mettere le mani nel caos da loro creato. Tutti devono aspettare i loro ordini e le loro decisioni. Non facendo capire cosa vogliono e dove vanno, si sottraggono ad ogni critica. D'altra parte, poiché non finiscono mai le cose, nessuno può dire loro che hanno sbagliato.

Così riescono, con la reticenza e il disordine, ad acquistare potere sulle persone razionali e costruttive e le tengono al guinzaglio nel loro capriccioso vagabondare.

L'IMMATURO

Nella nostra vita noi abbiamo rapporti con moltissime persone, abbiamo doveri verso moltissime persone. Nostro padre e nostra madre, nostro marito o nostra moglie, i nostri figli, coloro che lavorano per noi o con cui lavoriamo, i nostri superiori, i nostri colleghi, tutti quelli che si rivolgono a noi per servizi o per aiuto, tutti coloro che ci aiutano o a cui dobbiamo riconoscenza. Spesso queste relazioni sono delicate, difficili. Richiedono ponderazione, prudenza, abilità, energia. E dobbiamo tenerle presenti tutte, non possiamo occuparci di qualcuna e ignorare le altre. La maturità consiste nell'accettare questa complessità, nel non eludere questi problemi, nel prenderli estremamente sul serio.

Questo concetto di maturità come assunzione di responsabilità per tutto ciò che è in rapporto a noi ci aiuta a capire il suo contrario, l'immaturità. L'immaturità è una semplificazione arbitraria della vita.

Dal punto di vista sociologico tutto questo può essere spiegato con la teoria dei ruoli. Ruolo è ciò che siamo tenuti a fare per il fatto di occupare una certa posizione sociale. Nella società moderna c'è solo il bambino piccolo che ha il diritto di svolgere un unico ruolo. Già quando va a scuola incomincia a svolgerne due. Non può comportarsi nello stesso modo con i genitori e con la maestra.

Tutte le persone adulte, invece, devono svolgere numerosi ruoli. Uno non è soltanto medico, è anche figlio, padre, marito, amico, parente, collega, membro di un condominio, di un partito, di un club. Ciascun ruolo ha un mondo morale a cui fa riferimento. Il medico nella sua professione non deve farsi coinvolgere emozionalmente, mentre invece nel ruolo di marito è tenuto a farlo. Come sportivo parteggerà per la sua squadra, come dirigente deve essere equanime. La maturità, lo spessore morale del soggetto, risiede nella sua capacità di gestire tutti questi ruoli con flessibilità.

La persona immatura si rifiuta di farlo. Si dedica ad un solo ruolo, vi impegna tutte le sue energie, diventa il primo. A questo punto pretende di essere giudicato nello stesso modo anche negli altri campi, anche dove non fa nulla, anche dove non sa fare nulla. Magari è bravissimo in matematica, è un mago del computer, ma non capisce la moglie, i figli, i colleghi, è un disastro in tutti i rapporti sociali. Ci sono alcuni geni di questo tipo che sono rimasti mentalmente ed emozionalmente dei bambini, privi di ogni spessore morale.

Ma non esistono soltanto questi casi limite. Vi sono molti gradi di immaturità. È immaturo l'uomo che si occupa esclusivamente del proprio lavoro, che se lo porta anche a casa, che non sa parlare d'altro, che delega alla moglie la gestione della vita quotidiana e dei figli. Ma è immatura la donna che vive solo la sua vita domestica, che non segue l'attività del marito, non la capisce e non vuol venir disturbata nelle sue abitudini e nei suoi riti.

Questo tipo di immaturità si presenta spesso sotto forma di mancanza di gratitudine. Ci sono delle persone che non ringraziano, o lo fanno in modo estremamente superficiale anche quando gli altri hanno risolto un loro gravissimo problema. Non sentono il debito di riconoscenza, non viene loro in mente di telefonare per un saluto, per un invito a cena, per fare gli auguri in occasione del compleanno di chi li ha beneficiati. Perché in cuor loro sono convinti di aver ricevuto soltanto quanto era loro dovuto.

Il passaggio dall'infanzia all'adolescenza, alla vita adulta è un faticoso transito verso una forma di moralità più articolata, più complessa. E per tutti è molto più facile fermarsi pigramente, e aspettare che qualcun altro svolga il lavoro al posto loro.

Per chi comanda

Nell'immaginazione popolare non vi è nessuno più tranquillo e beato di un califfo. Il suo potere è totale. Vive in una splendida reggia circondata di giardini. Passa il suo tempo guardando ballerine o nell'harem. Di notte, come Harun al Rashid, esce in incognito per mescolarsi al popolo e avere nuove avventure. Non è minacciato dai nemici e non ha problemi da risolvere. Nella realtà storica, invece, il potere del califfo è sempre stato molto instabile. Il diritto di successione islamico non prevedeva la primogenitura, e la successione veniva spesso decisa da una guerra civile fra i diversi fratelli pretendenti al trono. Una volta raggiunto il potere, il sovrano doveva poi difenderlo contro gli intrighi di palazzo e contro i nemici esterni.

Il potere non è uno stato acquisito una volta per tutte. Deve essere continuamente riconquistato. Questo vale in qualsiasi regime politico. Variano le modalità della conquista, il tipo di minacce e gli strumenti per conservarlo. Nei regimi tradizionali, dove il potere è fondato essenzialmente sulla forza militare, troviamo al primo posto la guerra all'esterno e la repressione fisica all'interno. Il potere degli imperatori romani, come quello dei califfi, dei sultani o dei re feudali, era di questo genere. Ma lo stesso avviene nel potere uscito da una rivoluzione. Perché la rivoluzione è guerra civile, la violenza originaria si prolunga come guerra (pensiamo a Napoleone e a Khomeini) o come repressione sanguinosa (pensiamo a Stalin) o in entrambi i modi, come nel caso di Hitler.

Nei regimi democratici il potere è acquisito con la mobilitazione politica, con la propaganda, con il convincimento, con la manipolazione. I pericoli a cui va incontro sono dello stesso ordine. Pensiamo a Richard Nixon. Era al massimo della popolarità, ma il Watergate lo ha distrutto.

È sbagliato, però, concludere che il potere di un presidente democratico è più fragile di quello di un despota orientale o di un dittatore. È diverso il tipo di pericoli cui va incontro, di dilemmi che deve affrontare. Un presidente americano, in particolare, si trova costantemente di fronte al problema di come fare una politica estera che richiede un certo grado di segretezza e, nello stesso tempo, di dire sempre tutto.

Il potere, però, non è precario soltanto nel mondo politico. Lo è in tutti i campi. In quello economico, in quello del successo, o della fama. Anche in questi casi l'immaginazione popolare va soggetta alla stessa illusione di stabilità che abbiamo descritto per il califfo. Immagina il grande finanziere come un signore che vive in una villa lussuosa, fa lunghe vacanze in yacht, ha amanti giovani e bellissime, e detta pochi ordini frettolosi ad una schiera di segretari solerti. Così l'immaginazione popolare crede che l'attore passi da una serata di gala all'altra, da una avventura all'altra. La realtà è radicalmente diversa. Il grande finanziere, il grande imprenditore sono totalmente assorbiti dal lavoro. Molto spesso non fanno vacanze perché non possono abbandonare in mano ad altri questioni ad altissimo rischio. I grandi attori sono costantemente impegnati a superare ostacoli di ogni tipo. Gli scrittori assorbiti dalla loro attività creativa. E questa non termina ad un'ora fissa, alla sera, o con il weekend.

In realtà non esiste alcuna attività umana in cui noi possiamo affidarci serenamente all'abitudine. Anche l'attività più semplice, come lo studiare, il superare gli esami, il cercare lavoro, mettere in piedi una piccola impresa, richiede una attenzione ed una dedizione straordinaria. Le cose vanno veramente bene solo se ci buttiamo a capofitto, se ci spendiamo personalmente, senza risparmiarci. Non possiamo contare che gli altri facciano ciò che non facciamo noi. Quando vogliamo realizzare un obiettivo ci accorgiamo che tutti gli altri si muovono a velocità inferiore alla nostra. Il burocrate ci rimanda da uno sportello al successivo, i collaboratori seguono i loro ritmi consueti. Occorre forzare queste resistenze, scuotere le persone fino al punto in cui per loro stare fermi diventi più faticoso che agire. Questo è, in definitiva, il potere. Questo agire superando le difficoltà, evitando le imboscate, trascinando i più lenti. Lo è per il presidente degli Stati Uniti e per l'artigiano.

L'immagine popolare del califfo, o del finanziere, o dell'attore che non fanno nulla è un sogno. Come quello che fa chi immagina di vincere alla lotteria. Domandate in giro: se tu avessi improvvisamente dieci miliardi cosa faresti? La risposta è quasi sempre la stessa: smetterei di lavorare, farei il giro del mondo, la bella vita. Poiché siamo stanchi, immaginiamo la ricchezza e il potere come riposo, fine di tutte le preoccupazioni, come arrivo nel paese di Bengodi.

Ma il paese di Bengodi non c'è per nessuno. E il vincitore alla lotteria che si comportasse così, ben presto sarebbe nuovamente povero. Come tutti coloro che, anziché agire aspettano, anziché vigilare si addormentano.

IL TRASCINARE

Più volte ho avuto l'impressione che i grandi condottieri, sia che guidino un partito, o una setta religiosa, o una impresa, abbiano in comune una capacità. Quella di trasmettere, a chi lavora con loro, il convincimento di partecipare ad un compito importante. Di contribuire a fare qualcosa che ha valore, che merita dedizione. Se ha questo tipo di esperienza, la gente è orgogliosa di appartenere all'impresa e vi prodiga le sue energie senza risparmiarsi. Anziché difendersi, è disposta ad accettare le critiche dei superiori e dei colleghi. Ha un vero, profondo desiderio che l'intrapresa comune abbia successo, cresca. E questo dà, talvolta, risultati stupefacenti.

Sono molti i dirigenti che cercano di comunicare ai loro collaboratori questo convincimento, ma pochi vi riescono. Perché occorre, prima di tutto, che il capo sia lui profondamente convinto. Al fondo di tutte le cose umane più importanti vi è sempre l'ispirazione. Come nelle opere d'arte. Se questa manca, nessuno se la può dare con la forza della volontà, o fingendo di averla. Quello che si mette in scena, in questo caso, è una specie di parodia dell'ispirazione.

Ne risulta il manager superattivo, esagitato. Oppure quello megalomane. In realtà la persona veramente ispirata è, spesso, dubbiosa ed umile. Perché si sente al servizio di qualcosa che è più importante del suo orgoglio, della sua vanagloria. C'è inoltre, nella ispirazione sincera, una profonda serenità. Il capo trasmette agli altri questa serena fiducia. Lo fa soprattutto con l'esempio. È l'esempio che parla, che insegna la fermezza, la disponibilità, la capacità di prodigarsi, di spendersi.

Nelle aziende in cui vive questo spirito, tutti hanno paura di sbagliare, vogliono fare meglio. Eppure in queste aziende si sentono pochissimi rimproveri. È molto più facile ascoltare degli elogi. Vi sono invece imprese in cui non viene mai fatto un elogio. Dove le persone credono, facendo un elogio, di apparire deboli. I dirigenti passano freddi, silenziosi, con gli occhi indagatori. Criticano, rimproverano. Ma non si lasciano mai andare ad un gesto di ammirazione, di riconoscenza. Perché l'elogio è, prima di tutto, riconoscenza. Il «bravo» significa ti sono grato, ti ringrazio per ciò che hai fatto, riconosco il tuo contributo all'opera collettiva. Se manca la capacità di elogiare, mancano anche questi valori.

Anche nelle aziende sfasciate non si sentono elogi. Perché non c'è più un'opera collettiva a cui lavorare, non c'è più nessuno che può parlare a nome di tutti. L'azienda sfasciata è costituita da tanti frammenti separati, come dei feudi. Ciascuno difende il suo territorio con la denigrazione, la maldicenza, i sotterfugi.

Quando invece l'impresa sa dove andare, quando chi vi partecipa è convinto di lavorare ad un compito importante, diventa naturale l'elogio, diventa naturale il ringraziamento. Tutti sono in condizione di apprezzare l'apporto dato da qualcuno ed il capo, allora, deve solo dar voce a questo riconoscimento collettivo. Una persona viene elogiata per un lavoro fatto particolarmente bene, per un vantaggio apportato alla società. Ma esiste anche l'elogio fatto alla persona in quanto tale, per il semplice fatto che ha lavorato nell'impresa. Lo si vede molto bene quando il dirigente presenta i suoi collaboratori ad un estraneo. Nel presentarli li elogia pubblicamente. Talvolta basta un aggettivo appropriato, un gesto, ed è sufficiente. È come se l'impresa dichiarasse di essere orgogliosa di avere quell'individuo con sé. Il valore di ciò che fa l'impresa, la sua esemplarità, si ripercuote sul singolo.

In questo tipo di imprese, quando il capo deve fare un rimprovero, non lo fa mai in pubblico, ma soltanto in privato. Perché non vuole umiliare i suoi collaboratori ma, soprattutto, perché non vuole alimentare la rivalità e l'invidia. Il rimprovero pubblico fa esultare l'invidioso, attizza la sua invidia, la rende contagiosa. L'umiliazione pubblica non si limita a deprimere il morale, avvelena l'impresa, instaura il circuito delle vendette.

Vi sono dei capi che si sentono così sicuri e così forti da amministrare in pubblico elogi e rimproveri solenni. Quando entrano nessuno fiata. Tutti chinano la testa in attesa della folgore o della benedizione. Questa situazione mette tutti i dipendenti nella posizione dei bambini di fronte ad un maestro capriccioso, o ad un padre tirannico. Li fa regredire. E può prodursi fra di loro una solidarietà complice, per cui, poi, gli faranno avere informazioni addomesticate, dati falsificati, gli terranno nascoste le cose. È molto difficile ottenere la fiducia degli esseri umani quando si pone il proprio sé, la propria vanità, il proprio orgoglio al primo posto.

E non serve neppure il disimpegno. Il capo che non si occupa delle cose, che lascia fare, che si accontenta, che non rimprovera e non elogia, produce indifferenza e scoraggiamento. Ciò che la gente chiede è un interesse attivo per l'impresa e per le persone che vi lavorano. Allora anche l'orgoglio, perfino un po' di megalomania, sono tollerati.

Perché l'oggetto dell'interesse non è il sé, ma l'opera collettiva in cui tutti possono identificarsi. Abbiamo detto, all'inizio, che i grandi capi sanno indurre nei loro collaboratori il convincimento di star facendo una cosa importante, di partecipare a qualcosa che ha valore, che merita di essere realizzato. Per riuscirvi l'uomo più ambizioso deve, paradossalmente, sacrificare il proprio sé e mettere al primo posto il risultato collettivo.

Una delle cause della decadenza di una classe politica, una delle cause del suo lento scivolare verso la corruzione, è dovuta al modo in cui i suoi leaders reclutano i loro collaboratori e al rapporto che stabiliscono con loro. Quando un partito è gli inizi, cioè quando è ancora un movimento, la partecipazione emerge spontanea dal basso. Accorrono da ogni parte attivisti entusiasti, che si riuniscono, che discutono, che si prodigano in modo generoso. Fra loro emergono nuovi leaders spontanei che costituiscono il gruppo dirigente che circonda il capo. In questa fase storica il capo governa col consenso. Sta in mezzo ai suoi, li ascolta, discute con loro, spiega e rispiega pazientemente quale è la meta e fa in modo che la decisione emerga collettivamente e sia condivisa sinceramente da tutti.

Ma, col passare del tempo, l'organizzazione cresce di dimensione, la spinta ideale si affievolisce, si creano posizioni di potere e di interesse. A questo punto appare chiara la differenza fra i grandi leaders democratici e quelli autoritari. Una distinzione che vale non solo nella politica, ma in tutte le organizzazioni pubbliche e private, nelle associazioni e nelle imprese.

Il leader democratico, anche dopo aver acquisito il potere, si sforza di governare con il consenso. Fa riunioni in cui tutti riescono ad esprimersi e dove imparano a collaborare. Lascia emergere i dissensi, poi li attenua, li compone. Conosce personalmente tutti, tiene rapporti personali con tutti. Si appoggia ai più disinteressati per controllare quelli più avidi. A poco a poco seleziona i più capaci.

I leaders autoritari, invece, appena possono, non riuniscono più gli organi collegiali. Non perdono più tempo a convincere e a spiegare. Accentrano nelle proprie mani tutte le decisioni. Si circondano di persone che ubbidiscono prontamente. Interrompono i rapporti con i loro compagni di un tempo, soprattutto con quelli dotati di una grande indipendenza di giudizio. A questo punto incominciano i problemi perché, eliminata ogni critica, si convincono di essere sempre nel giusto. Si altera così il loro senso morale e finiscono per compiere delle azioni scorrette con l'aiuto di persone – veri e propri sicari – che poi acquistano un potere di ricatto su di loro perché ne conoscono i segreti. Per tenerli buoni sono costretti a lasciarli fare e questi diffondono la corruzione dovunque.

È impressionante vedere come anche le persone più intelligenti, più capaci, quando raggiungono una posizione di potere indiscussa, tendono a dimenticare il metodo del consenso e propendono per quello autoritario. Perché prendere le decisioni da soli è più semplice, rapido, meno faticoso. Considerando tutti gli altri soltanto dei mezzi, il despota si convince, inoltre, che tutto il merito è suo e si sente più grande, più in alto, un essere superiore.

In realtà ogni grande intrapresa è sempe un'opera collettiva che riesce tanto meglio quanto più numerose sono le intelligenze che collaborano, gli occhi che vigilano, le informazioni che circolano, quanto più forte è la motivazione di tutti verso la meta. Il leader indirizza, guida, stimola questo processo, ma ne è lui stesso parte, espressione. Se dimentica di esserne una componente, di svolgere una funzione, per quanto elevata, perde il contatto con la realtà e, quindi, la ragione. L'ultimo atto del dispotismo – l'abbiamo visto in Napoleone, in Hitler, in Mussolini, nei tiranni dell'impero sovietico – è sempre compiuto all'insegna della solitudine e della follia.

Ci sono delle persone che, quando si trovano in posizione di responsabilità o di governo, fanno esplodere dissidi e conflitti. In poco tempo si mettono in urto con tutti e, per di più, stimolano il conflitto fra gli altri, li portano a scontrarsi, a litigare. Se sono i presidenti di una assemblea o di un consiglio in cui si deve decidere collegialmente, in poco tempo l'atmosfera diventa irrespirabile.

Quando uno fa una proposta, subito gli altri ne fanno una opposta. Finché non si arriva ad una rissa generale in cui non si decide nulla. Ricordo un consiglio di Facoltà di questo genere. Durava giornate intere e la gente usciva con la bava alla bocca.

Vi sono invece delle persone che hanno la capacità di appianare i conflitti. Non si scontrano con nessuno e fanno sì che anche gli altri non litighino fra di loro. Sotto la loro direzione il consiglio, o l'assemblea, dopo aver discusso anche a lungo, di solito decide all'unanimità.

Perché i primi producono un risultato così catastrofico? Perché non studiano i problemi? Perché non parlano con i loro colleghi? Perché non si impegnano? No, no. Il loro errore è semmai quello opposto. Si fanno carico di tutti i problemi, prendono posizione su tutte le questioni, dicono sempre la loro opinione e si battono per farla prevalere. In questo modo finiscono per scontentare prima l'uno e poi l'altro, con strascichi polemici, rancori. Se poi c'è un conflitto in atto, anziché minimizzarlo, restarne fuori per favorire un compromesso, prendono posizione, si schierano da una parte, lo esasperano.

Non è la buona volontà che manca loro, né l'intelligenza. Molti non sono nemmeno particolarmente aggressivi o impulsivi. Ciò che li caratterizza è un eccessivo bisogno di affermare se stessi, di far sentir ogni momento, in ogni relazione, che esistono, che contano, che sono utili, importanti. Hanno paura di non esserci, di svanire, di sparire. Hanno paura che gli altri facciano le cose senza di loro, che si mettano d'accordo e arrivino ad una decisione senza bisogno di loro.

Cosa verissima, perché nessuno è indispensabile. E lo sanno quelli che creano concordia ed efficienza. Sanno che se un gruppo, una équipe ha ben chiara la meta da raggiungere, tutti, alla fine, danno una mano per arrivarci. Ciascuno vuol solo veder preso in considerazione, valorizzato il suo contributo. Chi dirige deve sfruttare questa tendenza spontanea. Deve far parlare gli altri, assicurandosi che ciascuno possa dire fino in fondo ciò che pensa. Deve chiedere che tutti ascoltino con serietà. Tutti devono parlare e tutti devono riflettere. In questo modo le proposte peggiori si eliminano da sole, quelle migliori emergono. È meglio che non sia il capo a fare le proposte, ma che le faccia scaturire dall'apporto dei singoli. Poi, quando si delinea la soluzione buona, sarà lui a riprenderla, a valorizzarla, per ottenere il consenso generale. Se c'è un dissenso troppo forte, o se si delinea un errore, proporrà un rinvio.

In tutti i sistemi collegiali, non autocratici, il capo dovrebbe essere essenzialmente il garante della meta e della chiarezza, al di sopra delle parti, vigile e forte. Quando invece il capo cessa di essere superiore agli interessi e diventa uno come gli altri, che si scontra con gli altri, che compete con gli altri, allora il gruppo impazzisce, si disintegra.

Noi tutti abbiamo continuamente bisogno di riconoscimenti, di elogi. Ci sono necessari come il cibo e
come l'acqua. E ci devono arrivare soltanto da persone che sono per noi importanti, o da istituzioni de-
signate a farlo. Il bambino che va a scuola vuol sentirsi dire «bravo» dalla mamma, ma la sua approvazione non gli basta, ha bisogno anche del giudizio del
maestro.

Tutti noi, quando realizziamo un'opera, siamo
sempre in attesa del giudizio di tante commissioni di
esame, una diversa dall'altra e spesso in disaccordo. Ci
possiamo impegnare a fondo, realizzare un compito
difficile, avere successo, venire acclamati da tutti, ma
non da coloro a cui teniamo in modo particolare. E
costoro, sapendolo, ci negano apposta la loro approvazione, per farci soffrire, per tenerci in pugno, per
vederci schiattare di rabbia o piangere impotenti.

Ricordo un arbitro famoso, stimato da tutti, ma
che non riusciva ad ottenere un saluto garbato dal figlio. Questi lo trattava ostentatamente male e lui non
riusciva a rendersene ragione. Mi viene in mente anche un imprenditore straordinario che aveva creato

fabbriche in tutto il mondo e si era costruito una bellissima villa dove avrebbe voluto ricevere i colleghi di affari, artisti, politici, intellettuali. Non ci riuscì. Sua moglie tormentava i suoi ospiti lamentandosi che lui era sempre in viaggio, che il clima era pessimo, disapprovandolo in continuazione.

Il potere di dare riconoscimenti ed elogi è essenzialmente un potere negativo, un potere di fare soffrire. Se ne rendono conto persino i bambini che fanno i capricci. Quando i genitori si aspettano gioia, festa, il bambino piange, scalpita, vuole qualcosa d'altro, si impunta. Si rende conto benissimo del dispiacere, della collera che provoca, ma è questo che vuole. Sarà capitato a tutti di vedere qualche frugoletto che rovina deliberatamente una cena ai genitori e che rende disgustoso il compleanno della sorella.

È incredibile l'abuso che noi tutti facciamo di questo potere. Bambini, adolescenti, adulti. È incredibile la quantità di vendette che esercitiamo in questo modo silenzioso, non agendo, non facendo. È incredibile la quantità di inutili sofferenze che infliggiamo agli altri. Vi sono, nelle nostre scuole, molti insegnanti che, nel corso di un anno, non sono capaci di dire almeno una volta «bravo» a un bambino che ha fatto grandi sforzi per migliorare e che pende dalle loro labbra. E sono convinti che questo sia rigore, serietà, mentre è soltanto uno sfogo dei loro rancori contro uno più debole.

Vi sono dei dirigenti sempre accigliati, a cui non va bene nulla, che tengono tutti in uno stato di profonda incertezza. E si sentono potenti, intoccabili, sublimi. C'è un'ebbrezza della prevaricazione, del potere senza regole, dell'arbitrio mosso dall'invidia.

E vi sono anche epoche sfortunate in cui questo tipo di malvagità si accentua, in cui tutti si mettono ad ostacolare coloro che fanno. Finché anche i migliori, frustrati, si arrestano sfiniti, non dal lavoro, ma dalle sterili battaglie combattute contro gli invidiosi.

I CORTIGIANI

Spesso, nella cerchia intima dei potenti, politici, imprenditori e grandi baroni universitari, si vedono dei personaggi mediocri o addirittura squallidi. E sembra impossibile che persone capaci e intelligenti possano fidarsi di loro, affidar loro incarichi delicati e lasciare che all'esterno appaiano i loro portavoce, li rappresentino.

La tecnica con cui queste persone fanno carriera nel seguito personale del potente si può osservare molto bene all'università. È il caso dell'assistente che scientificamente non vale niente, ma è ossequioso, servile, ubbidisce prontamente, dice sempre di sì. L'altro si abitua a verselo attorno, a dargli le incombenze più sgradevoli e, a poco a poco, non riesce più a farne a meno. Lo ricompenserà più tardi con una cattedra, facendolo passare davanti ai più meritevoli.

Ci sono sempre, attorno al politico, numerosi postulanti: avvocati senza clientela, architetti disoccupati, intellettuali affamati. Gli stanno attorno, pazienti, insistenti. Un giorno il politico si trova in difficoltà, solo, ha bisogno di aiuto, si rivolge a uno di loro. Perché non farlo? Costui non chiede niente, è disponibile, andrebbe anche nel fuoco. Così incomincia il rapporto. Lui non lo stima, ma lo usa. Non lo apprezza, ma a poco a poco finisce per abituarcisi. Col tempo arriva, talvolta, a dipenderne, perché gli ha dato modo di conoscere troppi segreti.

Ma c'è un'altra causa. Ci sono uomini potenti che hanno paura di chiamare nella loro cerchia interna persone troppe intelligenti o troppo autonome. Alcuni perché sono autoritari e non amano venir contraddetti. Altri perché sono megalomani e desiderano sentirsi ammirati, adorati. Altri perché sono molto prudenti e sanno che le persone di grande valore finirebbero per influenzarli, condizionarli e non vogliono rinunciare nemmeno a un milligrammo del loro potere. Altri semplicemente per pigrizia: non vogliono discutere e ridiscutere i problemi. È più riposante, più comodo avere abitualmente attorno dei mediocri.

È così che si formano le corti. La corte era la casa del sovrano. Dove abitavano i suoi familiari, i collaboratori più stretti e poi i domestici, i giullari, i cortigiani. Anche oggi, là dove c'è un potere, si costituisce sempre una corte, anche se in miniatura. Vi troverete alcuni consanguinei, pochissimi intimi e, purtroppo, sempre anche un certo numero di cortigiani.

Sono questi i più dannosi, perché hanno rinunciato a pensare, ammesso che sapessero farlo. Sono interessati solo alla loro posizione, alla loro tranquilla sinecura. Anche se lo vedono sbagliare, si guardano bene dall'opporsi al parere del loro signore, dal contraddirlo. Dicono sempre di sì.

L'impresa moderna è nata in contrapposizione alla corte, su principi organizzativi opposti. Il manager viene scelto in base alla sua competenza e conserva il suo potere solo se produce profitti, se fa prosperare l'impresa. Egli, inoltre, utilizza tutti gli esperti che possono aiutarlo. Cerca sempre il meglio, ha orrore dei mediocri.

Purtroppo anche nell'impresa questa regola aurea non viene sempre seguita. Molti manager hanno paura dell'intelligenza, della critica, del dinamismo culturale. E si circondano di funzionari ottusi e servili, veri e propri cortigiani, di solito nemmeno spiritosi e divertenti.

Vi sono dei dirigenti che, quando hanno dei collaboratori, guardano soprattutto al prodotto, al risultato. Altri guardano al tempo dedicato al lavoro. I primi non si occupano del comportamento fisico del proprio collaboratore. Non sbirciano se sta fermo al suo posto, se non alza gli occhi dalle carte sulla scrivania, se va troppe volte alla toilette o beve troppi caffè. A loro interessa che il risultato sia ottimo e fatto con rapidità. Che il collaboratore sia autonomo e capace di affrontare le difficoltà, di far fronte agli imprevisti senza disturbarlo.

Vi sono, invece, dei dirigenti che guardano proprio al comportamento fisico. Per loro il dipendente non lavora se non ha l'atteggiamento da lavoro, se non è curvo, se non fa fatica, se non va ogni tanto da loro a chiedere istruzioni. O per raccontare quanto sia stato faticoso convincere un cliente ad essere puntuale nei pagamenti, o lamentarsi di un fornitore impreciso, disorganizzato.

Questi due tipi di dirigenti hanno una concezione molto diversa dell'attività lavorativa. Il primo la concepisce come una prestazione professionale. Egli compera la prestazione professionale del collaboratore. L'altro, invece, ne compera la forza lavoro. Al primo non interessa se quella prestazione professionale è stata realizzata in sei ore anziché in otto. Al secondo interessa moltissimo perché il lavoratore gli deve altre due ore di lavoro, visto che lui ha comperato tutta la sua giornata.

La concezione dell'attività lavorativa come forza lavoro affonda nella notte dei tempi. Il proprietario terriero comperava la forza lavoro del contadino «da mane a sera» e i suoi sorveglianti dovevano stare bene attenti che il lavoratore stesse curvo sui solchi e facesse veramente fatica, sudasse e non fingesse di lavorare. Anche la manifattura nasce con lo stesso principio. Il proprietario compera tutta la forza lavoro dell'operaio e cerca di sfruttarla al massimo. Questa volta il controllo della produttività è più facile perché basta contare il numero dei pezzi prodotti o, nella catena di montaggio, misurare il ritmo di produzione.

Questa mentalità arcaica la vediamo comparire anche negli uffici in cui si affollano numerosi impiegati. Anche questi cercano di usare con parsimonia le loro energie. Lavorano soltanto quando si sentono osservati. Rimandano i problemi, trovano continue scuse per i ritardi, ostacolano i colleghi troppo intraprendenti.

In tutte queste situazioni i lavoratori cercano costantemente di tenersi al di sotto del livello della produttività media. Se la superano, infatti, il datore di lavoro la considera un fatto acquisito e la vuole anche in seguito. Il risultato è una produttività molto bassa.

Nel mondo moderno, però, vi sono delle imprese in cui conta essenzialmente la produttività e l'attività innovativa, creativa. Pensiamo ad un centro di ricerca, ad una agenzia di pubblicità, ad un servizio di marketing, a un giornale, ad una televisione. Qui il datore di lavoro compera essenzialmente il risultato, la prestazione. Cosa avviene, allora, se, anziché metterci otto ore, il lavoratore ne impiega quattro, se inventa cose nuove, nemmeno immaginabili al momento del contratto? Ad un certo punto, ovviamente, avrà un aumento di stipendio, una promozione. Ma non certo tutti i giorni. E se lo fanno tutti, se tutti, con la loro intraprendenza e la loro creatività, migliorano continuamente le cose? Le gerarchie sono sempre quelle, le retribuzioni non possono muoversi continuamente verso l'alto. Ebbene, in questi casi, i dipendenti vengono retribuiti in termini di autonomia, di responsabilità, di potere, di prestigio personale. Essi diventano veramente, all'interno dell'impresa, dei professionisti rispettati. In questo caso si determina una spinta collettiva a tenere una produttività molto alta, sempre un po' al di sopra di quanto ci si sarebbe aspettato.

Nell'impresa di vecchio tipo, contadina, manifatturiera o costituita da lavori ripetitivi, i dipendenti danno il meno possibile e vivono l'azienda come un creditore. Nelle imprese creative i dipendenti danno il più possibile e vogliono sentirsi loro in credito verso l'impresa. Credito pagato in denaro ma, soprattutto, in rispetto, libertà, credito personale, diritto all'autonomia. Quando un dirigente cresciuto in un'azienda del primo tipo va in una del secondo tipo, in genere produce disastri. Perché, col suo atteggiamento fiscale, pretendendo ciò che gli altri hanno dato liberamente, distrugge la loro motivazione. E, qualche volta, manda tutto in rovina.

L'INGRATO

Ci sono degli uomini che riescono sempre a valorizzare gli altri. Altri che valorizzano soltanto se stessi. Ne abbiamo esempi evidenti in alcune trasmissioni televisive. Oppure nel campo della scienza. Noi non ricordiamo solo Enrico Fermi, ma tutti i «ragazzi di via Panisperna», come Majorana, Segre, Amaldi.

Al contrario, vi sono delle persone che, pur dotate di alte qualità artistiche o intellettuali, non fanno nulla per valorizzare gli altri: si occupano solo di se stessi, del proprio successo, della propria celebrazione. In uno spettacolo, anche se sono dei semplici invitati, monopolizzano lo spazio, riducono tutti gli altri a comparse.

Alcune di queste persone sono anche capaci di circondarsi di collaboratori, sanno costruire una scuola, un'organizzazione efficiente. Però fanno in modo che nessuno di loro emerga, affermi la sua personalità e le sue idee, abbia successo. Nello scegliere gli allievi, essi hanno cura che non siano troppo intelligenti, originali e creativi. Li preferiscono ubbidienti, lavoratori e mediocri. Un gran numero di professori universitari sono di questo tipo. Perché sono allievi mediocri di maestri che avevano paura di venir messi in ombra da allievi di genio.

Cogliamo così un primo elemento costitutivo di questo tipo di personalità, la paura che qualcuno cresca più di loro. In ogni persona giovane, capace, vedono un potenziale concorrente. Finché possono lo sfruttano per il loro successo, poi incominciano a creargli ostacoli. Se cerca di liberarsi e di fare da solo, lo perseguitano. Là dove funziona il mercato, questo meccanismo non riesce. Ma nel settore pubblico, per esempio nel teatro, ci sono dei mostri sacri che devono il loro potere di monopolio alla capacità di schiacciare qualunque tipo di concorrenza giovanile.

Di solito la persona che non aiuta gli altri non è solo egocentrica, è anche avvelenata dall'invidia. Un'invidia vigile, sempre pronta a scattare.

Questi tipi di personaggi sono anche poco coraggiosi. Però sanno nascondere la loro vigliaccheria. Declamano, si indignano, stigmatizzano, ma non si espongono. Mandano avanti gli altri. Poi, se le cose vanno male, scompaiono; se vanno bene, se ne attribuiscono il merito. Vile non è chi ha paura. Vile è chi si fa scudo dei coraggiosi, li sacrifica e, poi, li rinnega.

Le persone che non sanno valorizzare gli altri, di solito non ascoltano. Sembra che ascoltino ma, in realtà, quando stanno zitti stanno pensando soltanto a cosa dire, ad una battuta spiritosa. E poi, infatti, ricominciano da dove hanno smesso, indifferenti ai pensieri delle altre persone, dei loro bisogni. A loro interessa soltanto mettere in evidenza la propria persona, le proprie capacità, i propri meriti.

Quando hanno successo, si considerano superiori

agli altri esseri umani. Una persona di mia conoscenza, dopo un successo internazionale, ha profondamente umiliato tutti i suoi amici e allievi, dicendo loro: «Non mi interessate più, voi appartenete alla mia vita passata».

Spesso questi personaggi si camuffano, si nascondono. Per riconoscerli, provate a raccontare una qualsiasi cosa che non riguarda loro, ma qualcun altro. E parlatene bene. Ebbene, dopo cinque minuti al massimo, saranno loro a cambiare argomento e a portare l'attenzione su se stessi e su ciò che hanno fatto.

Oppure parlate di *voi*. Se voi descrivete una vostra malattia, vi diranno cose incredibili sulle *loro* malattie. Se parlate della vostra impresa, sarete subissati dalle meraviglie della *loro* impresa. E lo stesso per un viaggio, per un esame, per una sciagura, per tutto.

Il coraggio è la virtù del cominciamento. Il suo contrario è il non fare, il nascondersi. Non la paura. Perché anche il coraggioso ha paura. Ma la vince e si butta in avanti affrontando l'incertezza del mondo. La persona che non riesce a fare il balzo, il pauroso che batte i denti per il terrore, non suscita il nostro disprezzo, ma la nostra compassione. Fantozzi, lo stupendo personaggio creato da Paolo Villaggio, suscita tenerezza. Perché è annichilito dalla realtà davanti a cui si trova disarmato come un bambino piccolo.

C'è poi il prudente. Il prudente vuol ridurre al minimo il rischio. Finché non ha esplorato la realtà, finché non la conosce dettagliatamente, non agisce. Noi possiamo irritarci davanti ad una eccessiva prudenza. Però quando evita gli insuccessi la consideriamo una virtù.

Infine vi è una mancanza di coraggio che non vorremmo mai incontrare, ed è la viltà. Il vile nasconde la sua paura. La nasconde e la sfrutta per ricavarne vantaggi e potere, per danneggiare gli altri e guadagnarci lui stesso.

Ci sono diversi tipi di viltà. Però questi personaggi hanno, in profondità, qualcosa in comune e, in primo luogo, la teatralità. Quando non c'è pericolo, quando non deve prendere decisioni, il vile ostenta sicurezza. Si vanta dei suoi successi. Li esagera, li arricchisce. Mette in scena la sua forza e la sua grandezza. Di solito riesce ad ingannare anche la persona più smaliziata.

Quando viene il momento dell'azione in cui occorre coraggio, sfugge, si nasconde e incomincia ad ingigantire i problemi. Vi parla di ostacoli insormontabili, di complotti, di nemici politici, di oscure manovre da cui ci si deve guardare. Trasforma la realtà, costruisce un mondo immaginario in cui voi non potrete mai raccapezzarvi.

Se deve riferire su qualcosa non ve ne dà mai un ritratto completo. Fa un elenco dei suoi successi e dei suoi meriti, poi aggiunge che le cose sono andate male per colpa di qualcun altro. È come se non gli importasse veramente il risultato, ma solo prendersi le lodi ed evitare le colpe. È disposto ad accusare suo padre, suo figlio, il suo migliore amico. Pensa soltanto a se stesso, al suo alibi, ad assicurarsi il merito comunque le cose vadano.

Il vile non rispetta la parola data. Promette con grande facilità, poi non fa nulla. Se gli chiedi conto, ti elenca innumerevoli ostacoli, paurosi impedimenti. «Sai, io mi sono prodigato, non puoi immaginare...». Finché tu non ti senti in colpa per avergli creato tanti problemi. Con lui sei sempre in debito, mai in credito.

Quando ha il potere umilia, degrada i suoi sottoposti. Sottolinea i loro errori non con lo scopo di aiutarli, ma di schiacciarli. E lo fa in pubblico, davanti agli altri. Ricordo un regista che insultava sul palcoscenico gli attori, soprattutto quelli vecchi, quelli che non si potevano ribellare. E attorno c'era la sua corte che applaudiva. Lui godeva di quell'applauso e diventava più crudele.

Il vile ha bisogno dell'applauso, ha bisogno dell'approvazione. Per questo schiaccia i suoi sottoposti, perché teme che gli si ribellino, lo affrontino, lo accusino, lo smascherino.

Il vile è un pauroso che nasconde la sua paura. Di fronte ai potenti è servile, si umilia. Lo fa con la stessa arte di commediante che impiega nel fingersi forte e meritevole. Dei nostri grandi attori chi ha meglio rappresentato il vile è Alberto Sordi, arrogante con i deboli, strisciante con i potenti.

Ma c'è una cosa che il vile teme sopra tutto: di venire smascherato. Che qualcuno riesca a smontargli pubblicamente la messinscena che lui costruisce in continuazione e di cui vive. Per questo ha paura quando incontra una personalità forte, veramente coraggiosa, a cui non interessano le apparenze, ma il risultato. Perché si sente nudo davanti a lei. Perché sa che l'altro non si fa ingannare.

L'altra persona che il vile teme è la moglie, o il marito, cioè chi lo conosce bene nella vita domestica. E di solito, nei suoi riguardi, è un agnello.

IL DISORDINATO

Ci sono delle persone che non finiscono mai le cose. Ne incominciano una, la interrompono per incominciarne un'altra e poi un'altra ancora. Dopo, hanno bisogno che tutte queste «cose da fare» restino sempre in vista, a portata di mano. Occupano lo spazio e gli altri non possono toccarle perché, non conoscendole, le metterebbero fuori posto e loro non le troverebbero più. Le loro case, i loro uffici diventano depositi di pratiche incomplete, tutte in evidenza. Una specie di labirinto in cui non può entrare nessuno.

Le altre persone che vivono nello stesso spazio sono a disagio, sono smarrite perché devono muoversi come degli intrusi. Se toccano qualcosa per aiutare, l'altro protesta. Teniamo presente che la persona disordinata, in genere, non è calma. Si muove in modo scomposto, agitato, frenetico. Dà costantemente l'impressione di avere molto da fare, di essere soffocata dal lavoro. Gli altri sono colpiti dalla sua straordinaria attività, qualche volta ammirati per la sua resistenza fisica. Si sentono in colpa per averla disturbata, per averle creato un'ulteriore difficoltà. Allora arretrano, non interferiscono, si ritirano in un piccolo spazio.

La persona che non finisce mai le cose crea attorno a sé il caos e, in quel caos, si raccapezza solo lei. Nessuno può aiutarla. Nessuno, perciò, può diventare veramente utile, importante al di fuori di lei. Lei sola sa muoversi nel suo territorio senza creare disastri. Lei sola può prendere le decisioni, anche le decisioni minime. Chi non finisce mai le cose concentra tutto il potere nelle sue mani.

Questo avviene a ogni livello. In casa, dove la donna crea un suo ordine misterioso e provvisorio in cui nessuno capisce nulla perché lei cambia continuamente posto agli oggetti. Il marito, i figli, la domestica non possono fare niente senza essere sgridati. È la forma più semplice di dispotismo domestico.

Ma avviene anche negli uffici. È il caso della segretaria onnipotente che mette via le pratiche secondo un suo ordine personale incomprensibile agli altri, in particolare al suo principale. Nessuno si può orientare in questo labirinto. Bisogna assolutamente che ci sia lei. In questo modo si è resa indispensabile, insostituibile.

Vi sono dei dirigenti che non stabiliscono mai con chiarezza come si deve procedere. Arrivano in ufficio alle ore più diverse, convocano le riunioni senza preavviso, ad ore strane, talvolta di notte. Chi non è informato viene tagliato fuori dalle decisioni, ma senza una procedura formale, di fatto. Tutti vivono nella più grande incertezza anche se il dirigente è cordiale, se si comporta in modo amichevole. Dietro l'apparente bonomia questi dirigenti sono, in realtà, dei despoti accentratori. Attraverso il disordine escludono tutti i loro collaboratori dalle decisioni e ne fanno dei semplici esecutori.

«Ordinato» vuol dire che è comprensibile agli altri, che può essere compiuto anche da altri. Disordinato è ciò che risulta incomprensibile agli altri, ciò che nessuno può ripercorrere.

La complessità non c'entra. Qualunque sia il grado di complessità, se il sistema è ordinato, esiste sempre una procedura sicura per arrivare alla soluzione, una via percorribile da tutti. Le persone che non finiscono mai le cose, le persone disordinate, monopolizzano il potere, escludono tutti gli altri dalla decisione.

Probabilmente il modo migliore di decidere è quello dei giapponesi. Vi partecipano tutti coloro che sono poi implicati nell'esecuzione. Anche se il capo ha già un orientamento, vuole che la decisione sia ottenuta collettivamente, con il consenso di tutti. Alla fine tutti hanno capito benissimo, tutti sono d'accordo, e l'esecuzione è rapidissima. Tutti, inoltre, sono sostituibili.

All'opposto c'è la nostra burocrazia. Qui la decisione deve essere presa soltanto nelle «sedi competenti» e il resto funziona come un enorme apparato esecutivo. Ma il burocrate, tagliato fuori dalla decisione, esercita il suo potere muovendosi in un labirinto conosciuto soltanto da lui.

Anche in questo caso, l'insieme ingombrante delle cose non fatte, il labirinto delle pratiche inevase, il disordine che deriva dal ritardo, si trasforma in potere di chi si trova al centro della rete. È questo uno dei motivi per cui, in queste amministrazioni, si accumulano gli arretrati. Esattamente come nel caso della persona che non finisce mai le cose, la giungla degli arretrati, la stratificazione del passato, il disordine sono la condizione per l'esercizio di un potere personale arbitrario.

Le persone, i dirigenti, gli uffici, le amministrazioni in cui non si finiscono mai le cose devono essere guardati con sospetto. C'è sempre qualcuno che si avvantaggia di questo stato di cose e ne approfitta a nostro danno.

CHI OSTACOLA

È capitato a tutti di entrare in un ufficio per una pratica e di trovarvi un impiegato particolarmente scontroso. Più facile che avvenga in un ufficio pubblico. Non è necessario che ci sia ressa. Talvolta la stanza è vuota. Il funzionario sta leggendo qualcosa. Voi entrate, aspettate qualche secondo, poi tossicchiate per farvi notare. Lui sembra ancora più assorto. Voi provate a dire «scusi, scusi» e lui niente. Allora alzate un po' la voce e continuate finché lui non alza uno sguardo carico di rimprovero. Vi impone di aspettare. Poi si alza, vi ascolta un istante e vi manda in qualche altro ufficio a far qualche altra pratica che manca. Invece poi risulta che non manca niente. Ritornate da lui, lo scongiurate di guardare meglio, di aiutarvi. Sulla porta scoprite il suo nome. Lo chiamate per nome, sorridete, vi appellate alle sue capacità e allora, finalmente, tutto va a posto. La pratica esce fuori, lui vi spiega il vostro errore e lo corregge. Voi lo salutate rispettosamente e lui ritorna serio alle sue carte.

Questo impiegato, in realtà, non aveva niente da fare. Aveva capito fin dal primo momento dov'era il vostro errore. Perché allora non si è alzato subito, perché non vi ha aiutato ma, anzi, ha fatto di tutto per farvi sbagliare e, quindi, per farvi ritornare? In queste situazioni noi pensiamo che l'abbia fatto perché di malumore, perché insoddisfatto del suo lavoro, perché annoiato. Difficilmente pensiamo alla spiegazione più semplice. Che lo abbia fatto per attirare la nostra attenzione su di lui, per diventare il centro del nostro interesse, per sentirsi importante, per sentirsi trattato come una persona di riguardo.

Vi sono due strategie opposte per ottenere considerazione. O essere molto gentili, molto capaci, in modo da suscitare l'ammirazione e la riconoscenza, oppure creare ostacoli, difficoltà, impedimenti. Nel primo caso la gente si ricorderà di voi con simpatia, ammirazione. Nel secondo caso la gente dovrà comunque pensare a voi, tener conto della vostra esistenza e del vostro potere.

Questi due modelli di comportamento li possiamo vedere già nel bambino. C'è il bambino buono e quello che attira l'attenzione su di sé, comportandosi come una peste. Ci riesce più difficile credere che si comportino nello stesso modo degli adulti, dei nostri collaboratori, dei professionisti, dei professori universitari. Invece molte difficoltà nelle imprese, nei laboratori di ricerca, nei giornali, dappertutto, sono provocate da ostacoli, ingorghi, ritardi dovuti a persone che utilizzano il loro potere negativo per ottenere stima e considerazione.

Un mio amico, impegnato in una delicatissima organizzazione, aveva una responsabile della segreteria che faceva fallire tutti gli appuntamenti già presi. Ogni volta che era lei a telefonare, l'affare poteva considerarsi perso. Quando interveniva nelle riunioni, annunciava sempre qualche difficoltà, qualche ostacolo, qualche impossibilità. Tutti pendevano dalle sue labbra e ne avevano perfino paura. Trattandosi di un ente pubblico questa signora era intoccabile perché protetta da un partito politico. Alla fine il mio amico se l'è ingraziata mandandole mazzi di fiori, invitando lei e il marito a casa sua, però, nel frattempo, tagliandola fuori da tutte le cose importanti.

È soprattutto negli enti pubblici che la gente conquista un suo potere ostacolando gli altri, paralizzando tutte le iniziative più promettenti. Si forma così una minoranza attiva, che si spende, si prodiga, e una maggioranza che resiste, che frena, che brontola, che intriga, che si lamenta.

Però le persone negative si trovano dappertutto. Le incontrate facilmente anche ad un party, o a una cena. Si riconoscono nel loro modo di entrare nel salotto, dal loro modo di incedere. Talvolta una di queste, appena giunta nella sala, va verso il tavolo delle bevande. Sceglie l'aperitivo e poi, munito del suo bicchiere, si guarda attorno. Scruta i piccoli gruppi che chiacchierano. Sorseggiando la sua bevanda si aggira fra loro, ne sceglie uno, si presenta, ascolta la loro conversazione con il volto inespressivo. Poi, improvvisamente, dice qualcosa di sgradevole alla persona che è al centro dell'attenzione. Cade il silenzio, tutti la guardano stupiti. La persona presa di mira è a disagio, potrebbe risponderle per le rime, ma non vuole rovinare la serata. Allora cerca di spiegarsi, di giustificarsi. Si prodiga perché l'aggressore ritorni sul suo giudizio. Ma l'altro scuote la testa, non è d'accordo.

L'aggredito cerca di convincerlo nuovamente, usa altre parole, addolcisce il tono della voce. In sostanza passa la serata ad occuparsi della persona invadente, ad ingraziarsela.

È stupefacente quanto tempo dedichiamo ai seccatori, a coloro che ci sfidano, che ci creano degli ostacoli, che ci deridono, che ci sminuiscono. Mentre non ci prendiamo cura di coloro che ci aiutano, che risolvono i nostri problemi. Per costoro, per chi non chiede niente, abbiamo sempre poco tempo.

CHI DISTURBA

Anche il più grande dei cantanti, il più esperto dei conferenzieri, l'attore più consumato sono turbati e disturbati quando qualche spettatore delle prime file appare distratto, sbadiglia, mostra segni di disapprovazione o semplicemente non reagisce, ma se ne sta impassibile, con la faccia di pietra. Guardando lui restano come ipnotizzati e dimenticano tutti gli altri presenti che bevono il loro canto o le loro parole. Vorrebbero a ogni costo ottenere anche la sua approvazione, il suo consenso, il suo applauso. In quel momento è come se lui fosse l'unica persona che conta. Perché?

L'attore, il cantante, nel momento in cui salgono sul palcoscenico, si sottopongono al giudizio del pubblico e nessuno, assolutamente nessuno, è completamente sicuro di se stesso. Anche il più bravo, anche il più famoso ha paura di sbagliare, di non essere all'altezza. Ha paura di perdere, in un istante, quel consenso che ha ricevuto per tanto tempo. In quel momento, anzi, è afferrato dal dubbio, non sa più se se lo è veramente meritato. La risposta viene solo alla fine, quando c'è lo scroscio di applausi. Solo l'applauso unanime dissolve il dubbio e gli fa dire: «anche questa sera ce l'ho fatta».

La persona che sbadiglia in prima fila rappresenta perciò l'incarnazione del dubbio che è sempre rimasto nel fondo del suo cervello. Glielo ricorda nel momento più pericoloso, e può con il suo gesto contagiare gli altri. Anzi è il potenziale leader di una sommossa contro di lui. Per questo egli è costretto a combatterlo, ad accettare la sfida.

Vi sono molte persone che approfittano di questa debolezza del personaggio pubblico e l'utilizzano a proprio vantaggio. Si mettono in una posizione in cui possono essere visti e dimostrano la più sovrana indifferenza o il più netto disappunto. Altri esprimono il loro dissenso, ingaggiano una polemica. Lui si impegna a rispondere, e così conferisce loro credito, importanza. I giovani giornalisti, i giovani critici, i giovani politici spesso riescono a farsi conoscere in questo modo, attaccando a testa bassa una persona importante. L'argomento, le idee, sono solo un pretesto.

Ma questo meccanismo ha una notevole importanza anche sul piano erotico. È stato osservato che molti celebri playboys, moltissimi uomini bellissimi hanno delle mogli bruttine anche se vivaci. Abituati a essere al centro di un nugolo di donne adoranti, hanno finito per fissarsi su quella che ostentatamente ha mostrato di essere indifferente al loro fascino o che li ha più radicalmente contestati.

La tecnica della indifferenza o della contestazione è diffusissima. Basta che da una parte ci sia qualcuno che vuole fare bella figura e, dall'altra parte, qualcuno che si diverte a non dargliela vinta, a ostacolarlo. Vi sono coppie in cui il marito lavora come un pazzo, è instancabile, gentile, ma viene tenuto in pugno da una moglie difficile, esigente, bisbetica. E inversamente avviene per mogli equilibrate, deliziose, con un marito scorbutico che, proprio grazie al suo cattivo carattere, riesce a fare quello che vuole. A volte è un'intera famiglia che finisce in balìa di un despota capriccioso, a volte è un ufficio che trema ai rimproveri di un'impiegata sempre insoddisfatta.

Il meccanismo resta sempre lo stesso. La persona più brava, più capace, più famosa, nel profondo dubita di sé. Le persone competitive, i predatori si accorgono di questa sua segreta debolezza e le tendono l'agguato, la fanno sentire incerta, colpevole. A poco a poco la divorano.

I dogmatici, i fanatici, i testardi, sono spesso estremamente illogici. Ma la tenacia con cui ripetono le poche idee che hanno in testa, l'ottusità che oppongono a ogni ragionamento, costringono spesso gli altri alla resa. Ci sono leaders politici che devono il loro successo alla loro rigidità mentale, alla loro stupidità.

C'è un'altra categoria di sciocchi che ottengono credito e ammirazione. Sono le persone superficiali, non sistematiche, che osservano tutto, leggiucchiano tutto, ascoltano i pettegolezzi e sono sempre informate sulle novità. Sposano le mode con entusiasmo, le propagandano con alterigia e poi le dimenticano con leggerezza. La persona intelligente e matura, invece, è di solito coerente, sistematica, ha opinioni meditate. Inoltre è consapevole dei suoi limiti e non parla di ciò che non conosce in modo approfondito. Di fronte al chiacchierone resta perciò stupita, ammirata; le sembra vivace, brillante. Molte donne si sono fatte affascinare da uomini di questo tipo. E viceversa.

Dobbiamo inoltre distinguere fra la vera intelligenza e l'astuzia. L'intelligenza tende a costruire ordine, armonia. L'astuto invece mira solo a confondere l'altro, a tendergli trappole. Molte persone mediocri, o addirittura stupide, sono astute. Hanno imparato dei trucchi per sopravvivere, per cavarsi d'impaccio.

Per esempio, se hanno compiuto un errore e vengono scoperte, negano il fatto, negano anche di fronte all'evidenza plateale, non si lasciano scuotere dalle prove, dalle argomentazioni. Oppure mentono. Mentono con una naturalezza da incoscienti. E non hanno paura di dimenticare, di contraddirsi perché tanto nella loro mente non c'è ordine. Oppure accusano qualcun altro. Accusano a caso il primo che capita, e lo fanno con una sicurezza che lascia sconcertate, dubbiose, le persone più critiche e più responsabili.

In sostanza, per combattere l'intelligenza che tende a creare ordine, essi creano disordine, confusione. Dimenticano o fingono di dimenticare, mentono, si contraddicono, cambiano argomento, fino a produrre il caos nella mente dell'ascoltatore. Se questo è una persona logica, razionale, si logorerà il cervello nel tentativo di dare un senso, di trovare una logica alle loro insensatezze.

Ci sono mogli stupide che, con queste tecniche, dominano mariti molto più intelligenti di loro. Ci sono mariti che fanno altrettanto con le mogli. Anche molti politici verbosi, molti intellettuali chiacchieroni, molti finanzieri d'assalto appartengono a questa categoria di mediocri che prosperano creando disordine intellettuale.

Vita attiva

L'IMPRESA

Hanno perso di importanza la nazione, l'esercito, la chiesa. Stanno perdendo di importanza i partiti politici, le ideologie totalizzanti, tutto ciò che un tempo riuniva gli uomini in una comunità compatta, con valori, mete collettive. Cresce la libertà individuale, l'autodeterminazione. Però cresce anche il bisogno di appartenenza, di ideali. Noi siamo esseri sociali. La stabilità del nostro Io dipende dal nostro rapporto con la società. Abbiamo bisogno degli altri, di sentirci uniti, abbiamo bisogno di un avversario e di un compito. Abbiamo bisogno di prodigarci per qualcosa che vale.

Se questo è vero, che cosa prenderà il posto dei partiti e delle chiese in declino nei nostri cuori? Non la famiglia, perché diventa sempre più piccola, con uno o due figli al massimo che poi crescono e vogliono fare da soli. Non gli amici, le vacanze, le feste, i viaggi. Tutte cose piacevoli, ma che non hanno a che fare con ciò che ha realmente valore. Sono molto più vicini a questa sfera le attività sociali, il volontariato. Quindi si può ragionevolmente supporre che nel prossimo futuro aumenteranno le persone che si dedicheranno a queste attività.

Ma c'è un'altra realtà sociale a cui di solito non si pensa: l'impresa. Nella tradizione cristiana, il lavoro è stato visto come «sudore della fronte». Nell'ottica marxista come «vendita di forza lavoro» in cui non ci guadagna il lavoratore, ma il capitalista. In quella liberale il rapporto di lavoro è stato visto come contratto, in cui ciascuno è tenuto a fare solo ciò che ha negoziato.

Ma nella nostra vita concreta il posto in cui noi lavoriamo, il nostro lavoro, è molto di più. Vi dedichiamo la maggior parte del nostro tempo, vi spendiamo le nostre migliori energie, la nostra creatività. Dovremmo poterlo sentire come una realtà di cui siamo una parte essenziale, e che ci considera essenziali.

Noi ci siamo meravigliati quando i giapponesi ci hanno parlato di cittadinanza aziendale. A molti è sembrato soltanto un astuto modo di sfruttamento, uno stratagemma per annullare la lotta di classe.

Ma quando scompare il partito della classe, quando si attenuano gli altri campi di solidarietà, non potrebbe essere proprio l'impresa un luogo in cui riconoscerci, in cui esprimere il nostro bisogno di appartenenza, di solidarietà, il nostro bisogno di competizione?

È così sbagliato immaginarlo? Noi siamo abituati a pensare ad una impresa in cui la gente va solo per prendere uno stipendio, diffidente verso il padronato. E pensiamo ad una proprietà che pensa esclusivamente al profitto. Il prototipo di questa mentalità è rappresentato dal finanziere. Per il finanziere l'impresa esiste solo in quanto può essere immediatamente venduta. Ma il vero grande imprenditore non è così. Egli si identifica con la sua impresa, la considera una oggettivazione di se stesso e vive fra i suoi dirigenti e i suoi operai come un generale sul campo di battaglia. E le imprese che vanno molto bene sono soltanto quelle in cui c'è un grande spirito di corpo, in cui tutti vogliono affermarle, farle crescere, trionfare.

A volte penso che, nel futuro, sopravvivranno e vinceranno solo imprese di tipo nuovo, dove funzioneranno altre regole sociali, altri modelli dei comportamenti, altri valori. Imprese che saranno più simili alle città, o alle sette, o ai partiti. Imprese cioè che si battono sul mercato, con accanimento, con abilità, che però sono, nello stesso tempo, comunità solidali in cui la gente si realizza anche moralmente.

IL RUOLO

C'è sempre stata e continua a esserci una frattura fra l'adolescenza, la giovinezza e la vita adulta. Un tempo esistevano i riti di passaggio, oggi c'è l'ingresso nel mondo del lavoro. Fino a quel momento, al ragazzo, tutti richiedono essenzialmente spontaneità e sincerità. A casa, a scuola, con gli amici, gli viene domandato di esprimersi liberamente. Spesso viene apprezzata la sua irruenza. I giovani dicono ciò che pensano, sono sinceri fino alla brutalità. Fra di loro hanno stabilito un codice di comportamento che richiede di essere spontanei e trasparenti. Preferiscono un gesto violento ad uno falso. Preferiscono un no deciso a una cosa fatta controvoglia.

Gli adulti apprezzano queste loro caratteristiche. Li guardano con indulgenza, con tenerezza, talvolta con nostalgia. L'adulto apprezza la spontaneità e la sincerità come una condizione di innocenza perduta. Come un paradiso terrestre, prima dei doveri, delle lotte, della coercizione del lavoro.

Il passaggio al mondo adulto, perciò, è in genere brusco, traumatico. Di solito avviene quando il ragazzo va a lavorare. Nella nostra società avviene tardi, anche dopo i vent'anni. Allora il comportamento degli adulti nei riguardi del giovane cambia radicalmente. Diventa freddo. Gli spiegano che il mondo del lavoro è diverso, che la vita è diversa. Gli dicono che l'autenticità la potrà trovare in un amico. Che l'amore lo potrà trovare nella famiglia o in una sola persona. Ma in tutte le altre situazioni, dovrà svolgere un ruolo, imparare a recitare una parte, assumere una maschera.

I giovani si sono sempre ribellati a questa rivelazione. Perché hanno l'impressione di essere stati ingannati. Perché si sentono raccomandare l'ipocrisia. Molti movimenti giovanili, sia politici, sia religiosi, sono stati delle vere e proprie rivolte contro il formalismo e l'ipocrisia adulta. Il 1968 è stato anche questo: un rifiuto dell'ipocrisia del mondo adulto identificata, attraverso il marxismo, nel lavoro alienato.

Poi, a poco a poco, avviene l'accettazione. E c'è anche un momento in cui il giovane scopre i vantaggi del ruolo, della maschera. Si rende conto che ciò che conta, nell'avvocato, è la sua capacità professionale. Fino al momento in cui non l'ha consultato, l'avvocato era un estraneo. Eppure si è fatto carico del suo interesse con più cura, con più continuità e con più sollecitudine di quanto facesse un suo compagno. L'attenzione del compagno di giochi è discontinua. Quella dell'avvocato ininterrotta. Il bravo avvocato, inoltre, gli evita ogni fastidio, non lo annoia con particolari inutili, non lo turba con notizie inquietanti. Lo rasserena, lo tiene per mano, gli risolve i problemi, gli rende la vita meno sgradevole. Eppure non lo fa perché gli vuole bene. Lo fa perché è il suo ruolo professionale. Perché ha un modello di eccellenza e di etica.

Lo stesso avviene per il medico, per lo psicoanalista che entra addirittura nella sua anima, che conosce i suoi pensieri più segreti e che lo aiuta anche contro se stesso. Anche nel mondo del lavoro il giovane incontra, accanto a tante delusioni, delle persone ammirevoli. Per esempio un dirigente capace di affrontare serenamente le situazioni più difficili, rapido, instancabile. È colpito dal suo continuo entusiasmo, sia che parli di una vacanza che del lavoro. Un entusiasmo che si trasmette a tutti, che contagia e rende divertente il lavoro.

I giovani, in questi casi, hanno l'impressione di trovarsi di fronte a un individuo eccezionale, straordinario. Pensano che quella sia la sua personalità totale. Cadono nell'illusione che sia sempre così, in ogni momento della sua vita e in ogni sua relazione. Non si rendono conto che è una specializzazione, il prodotto di un lavoro compiuto su se stesso.

A volte, invece, osservando attentamente un grand'uomo restano delusi. Si domandano perché il grande manager si faccia poi guidare dalla sua segretaria. La segretaria è astuta, sa intuire i suoi stati d'animo, sa manipolarlo. E lui non se ne rende conto. Per non parlare dei suoi rapporti con la moglie. Una donnetta acida e cattiva che gli fa fare quello che vuole. Ma perché tanto la segretaria quanto la moglie hanno concentrato la loro attenzione proprio sulla sua manipolazione. Lui invece doveva fare altro. Ha investito tutte le sue energie emotive e intellettuali nel costruire il suo ruolo. È qui che ha messo il meglio di sé.

È un'esperienza, questa, che provano molti quando conoscono più intimamente un grande scrittore, un grande scienziato o un grande musicista. Restano delusi, sono colpiti dagli aspetti opachi della sua personalità. Credevano fosse straordinario in tutte le manifestazioni della sua vita. Invece non era vero. Il meglio di sé, la sua eccellenza, l'aveva messa nella sua ricerca, nella sua professione, nella sua opera d'arte. Talvolta, al di fuori, non resta quasi nulla.

Tutti coloro che vivono nell'ex Unione Sovietica stanno affrontando una prova terribile: devono imparare a muoversi nel mercato. Non c'è più nessuno che decide quanto costa l'acciaio, che ordina di trasportare il cibo nei negozi, che stabilisce il salario. Ciascuno deve calcolare il fabbisogno, cercare la merce, trovare il compratore, discutere il prezzo, calcolare il profitto.

Il mercato mette in moto milioni di intelligenze, e le obbliga a decidere quanto spendere, quanto risparmiare, quanto investire e dove, in che modo. Le persone sono costrette a sviluppare qualità particolari, come la prudenza, la vigilanza, l'autocontrollo, la capacità di rischiare. Devono, in sostanza, imparare le virtù borghesi.

Nel secolo scorso, nel momento della grande espansione del capitalismo industriale, si formarono grandi ricchezze e grandi povertà, e molti intellettuali, come Marx, ne furono disgustati. Avevano l'impressione che il mercato fosse una giungla in cui vale solo la legge del più forte. Il capitale si forma inizialmente con la rapina, e poi con il furto del plusvalore.

In realtà la storia dimostra che lo sviluppo economico è incominciato in città Stato come Firenze, Venezia, Milano, ad opera di una borghesia di artigiani e commercianti operosa, intelligente, calcolatrice, con un forte senso comunitario. Il mercato è il prodotto della comunità internazionale dei venditori e dei compratori, ed è basato sul credito, la fiducia, il rispetto della parola data, cioè su ferree regole morali.

Con la riforma protestante questa stessa borghesia diventa ancora più austera, dura con se stessa. Lavora intensamente, non consuma, risparmia, accumula. La comunità protestante esercita una terribile pressione sull'individuo e modella il suo comportamento in modo minuzioso, in casa, sul lavoro, nelle relazioni sociali, gli inculca la rettitudine.

È in questo modo che può sorgere una produzione razionale, il calcolo economico. Non sono i pochi grandi avventurieri, i *robber barons*, che creano il capitalismo, ma i milioni di artigiani, di commercianti, di piccoli imprenditori che accumulano come formiche. È su di essi che si elevano poi gli edifici delle grandi imprese. Ma anche oggi, se manca questo tessuto connettivo, questa gente laboriosa e tenace, l'economia non è solida, non è sana.

Fin dalle sue origini la società capitalistica impone due doveri sociali apparentemente opposti: la competizione e la solidarietà. Chi ne è fuori ha l'impressione che la concorrenza sia disordine, anarchia. Invece è un principio d'ordine, come nello sport, dove tutti si devono battere per il primo posto. Però senza odio, in modo regolato, equo.

Anche la grande impresa funziona solo se al suo

interno si creano le condizioni di autonomia, responsabilità, competizione e solidarietà della società nel
suo complesso. Prosperano quelle dove ogni dirigente, ogni capufficio, ogni caposquadra, anzi ogni
operaio ed ogni impiegato, possono esprimere le loro
creatività imprenditoriali e vengono premiati per questo. Vanno male quelle autoritarie in cui l'essere
umano viene umiliato, e quelle burocratizzate dove
non viene stimolato a dare il meglio di sé.

E la solidità di un sistema economico moderno,
ancora oggi, prima che sui grandi imprenditori o sui
politici, è fondata sulla gente comune, la sua capacità
di lavoro, la sua competenza tecnica, la sua volontà di
imparare, la sua rettitudine.

L'IMPRENDITORE

Negli anni Ottanta abbiano ammirato i finanzieri spregiudicati, i maghi che scalavano e dissolvevano imprese ignorando perfino cosa producessero. Ma oggi, stretti dalla recessione, dalla disoccupazione e dalla dura concorrenza internazionale, siamo costretti a ricordarci che dobbiamo fare prodotti utili, di qualità superiore, a prezzi più bassi e con ottimo servizio. E che queste cose le fanno bene gli imprenditori che vivono per il prodotto, che si sono identificati con l'impresa, con il consumatore. Li riconoscete dal modo in cui guardano ciò che fabbricano, da come lo prendono in mano, da come lo toccano, lo studiano. Sentite che ne conoscono tutta la storia. Che l'hanno seguita, sofferta. È come se l'avessero fatto loro personalmente. Che si tratti di un biscotto, di una scarpa o di una motocicletta, la esaminano con amore, con calore ma, nello stesso tempo, con occhio ansioso, critico, pronti a cogliere la minima imperfezione da togliere. E studiano con la stessa attenzione vorace tutto ciò che fa la concorrenza, pronti ad ammirare e ad imitare.

Un tempo si pensava che questo atteggiamento

fosse adatto soltanto alle imprese di livello artigianale. In quelle molto grandi, si diceva, l'imprenditore deve occuparsi solo delle strategie globali, dei piani finanziari. Non può e non deve perdere tempo con particolari che riguardano soltanto i tecnici, i product managers. Per conoscere il mercato non occorrono opinioni, ma ricerche. Verissimo, sacrosantamente vero. Però è altrettanto vero che l'imprenditore, pur affidandosi ai più bravi dirigenti ed ai più bravi ricercatori del mondo, deve essere identificato con la sua impresa e cercare continuamente, instancabilmente il meglio. Perché l'impresa resta, misteriosamente, l'oggettivazione della sua personalità. Tutti i suoi pregi, tutte le sue virtù, tutte le sue attenzioni, tutto il suo rigore si trasmetteranno nell'impresa e così pure tutti i suoi difetti, le sue disattenzioni, il suo disinteresse. E non può fingere.

Gli imprenditori che amano il loro prodotto, di solito, hanno una grandissima cura dei consumatori. Cercano di capire la loro mentalità, le loro reazioni. Temono le loro critiche, vogliono far bella figura, vogliono essere apprezzati. E quindi si preoccupano di tutto ciò che contribuisce ad instaurare un rapporto sereno, di fiducia. Dalla distribuzione alla pubblicità.

E poiché danno tanta importanza agli esseri umani, alle loro reazioni, ai loro umori, questi stessi imprenditori, di solito, sono anche quelli che hanno i migliori rapporti con il loro management e poi, via via, con tutto il personale, fino all'operaio. Perché fanno sentire a tutti di essere partecipi di una impresa comune. Perché li motivano con il più importante di tutti gli strumenti, l'esempio.

Soprattutto in tempi difficili la gente vuol vedere facce oneste in tutti i campi. Anche nelle imprese. Si sente rassicurata solo dalla competenza, dall'impegno e dalla serietà.

IL POSTO SBAGLIATO

Che cosa succede quando una persona si trova ad occupare un posto per cui non è adatta, in cui incontra difficoltà non previste, o che aveva sottovalutato? Tutto dipende dalle sue qualità umane. In questa situazione le persone possono avere due reazioni diametralmente opposte. Alcune danneggiano l'impresa, altre se stesse.

Chi incomincia un nuovo lavoro, di solito è entusiasta, pieno di idee, di progetti. Ne parla con gli amici, con i familiari, chiede consigli. Poi li espone ai superiori, cerca il loro consenso, la loro approvazione e, di solito, la ottiene. Ottiene anche una benevola attesa dei colleghi che stanno a guardare che cosa saprà fare. La miscela di entusiasmo e di benevolenza produce una specie di luna di miele. Ne beneficia persino il presidente americano nei primi mesi dopo la sua elezione.

Poi la fase dell'entusiasmo e del progetto finisce. Arriva il momento di integrarsi nella struttura organizzativa e, soprattutto, arriva il momento di tradurre i progetti in attività concrete, di portarli a compimento. Sorgono le difficoltà, l'ambiente si dimostra molto più difficile di quanto non sembrasse. Incomincia ad annaspare, si affatica, non ce la fa.

È a questo punto che entrano in gioco le differenze di personalità di cui abbiamo parlato all'inizio. Esistono due tipi umani opposti, che reagiscono in maniera opposta. Il primo tipo non si rende conto della sua insufficienza, non vuole o non riesce ad ammetterla. Il secondo, invece, la riconosce.

Incominciamo a parlare del primo. Innanzitutto perché è il più frequente, poi perché è quello che produce le maggiori devastazioni. Costui non capisce di non essere all'altezza. Si rende conto di essere in difficoltà soltanto quando si accorge che gli altri hanno dei risultati e lui no. Incapace di guardare dentro di sé, il suo insuccesso gli si presenta oggettivato: sono gli altri che riescono, che vincono.

La sua reazione è di invidia. Si mette a guardare ossessivamente i loro risultati, a rodersi per quanto ottengono. Dimentica i suoi programmi, e si fa assorbire completamente dalle chiacchiere, invischiare nella maldicenza. Pieno di risentimento, cerca dei complici che siano d'accordo con le sue critiche. Poi incomincia ad ostacolare chi riesce. Lo fa con ogni mezzo, quasi con sadismo.

Se questo tipo di persone ha una posizione di potere, incomincia ad angariare i dipendenti. Li accusa di tutto quello che va male. Spesso si lascia andare a collere improvvise, usa parolacce, insulti, volgarità.

Poi, più le cose peggiorano, più si sente perseguitato, circondato di complotti. E così, a poco a poco, incomincia ad elaborare una giustificazione ideologica del suo insuccesso. Il mondo è corrotto, pieno di mafiosi. Costoro si aiutano l'un l'altro, fanno carriera. Ma lui non vuol sporcarsi le mani, si tiene da parte. Sì, lo sa che viene discriminato, perseguitato. Ma perché non si lascia corrompere, anzi, combatte contro il marcio che c'è intorno.

In tutte le aziende, in tutti gli ambienti, ci sono questi teorici dello sfascio, questi moralisti velenosi che passano il loro tempo ad accusare e a condannare.

Veniamo ora all'altro tipo umano. Quello che, invece, riesce a rendersi conto di non avere le qualità necessarie ad affrontare la situazione. Incapace di invidia, cerca aiuto. Ma spesso gli altri, abituati alle macchinazioni, glielo rifiutano. A poco a poco si allontanano da lui, lo lasciano solo. E lui incomincia ad autoaccusarsi, a deprimersi. Si lascia andare fisicamente. Talvolta si mette a bere. Se è una donna, si trascura. In sostanza si autoaggredisce.

Per uscire da questa situazione autodistruttiva, deve avere il coraggio di accettare il suo insuccesso, di chiedere lui stesso di cambiare lavoro. Spesso la nostra incapacità come la nostra capacità è specializzata. E se non riusciamo in un ruolo, possiamo trovarci benissimo in un altro. La duttilità è anche saper cambiare.

IL TELEFONO

Marshall McLuhan ha scritto che il telefono esige una partecipazione completa della persona. Per capire occorre afferrare suoni debolissimi, le sfumature della voce, del tono. Solo così possiamo intuire lo stato d'animo dell'interlocutore, capire le sue intenzioni. Al telefono dobbiamo sviluppare in noi un po' le virtù dei ciechi, che colgono la realtà senza vedere con gli occhi.

La maggior parte della gente preferisce incontrarsi fisicamente. Soprattutto quando, dall'incontro, dipende un accordo economico, o è in gioco l'amore. La presenza fisica ci offre moltissimi elementi da cui ricostruire l'atteggiamento interiore, le intenzioni dell'altro. Innanzitutto il viso. Se sorride, se i suoi occhi sono assenti, annoiati, oppure attraversati da lampi. Basta, talvolta, un movimento dei muscoli facciali, una espressione di sorpresa. C'è poi il corpo. Il modo in cui l'altro è seduto, se è disteso, sereno, oppure contratto come sul punto di alzarsi, o inquieto, agitato. Se accavalla le gambe, si alza.

Al telefono non possiamo vedere queste cose. Così come non possiamo vedere se fuma e in che modo lo fa. Se tiene la sigaretta fra le dita morbidamente, oppure se lo fa nervosamente e scuotendo la cenere in continuazione. Non possiamo vedere il suo abbigliamento, se è vestito in modo elegante, curato o se, invece, ci riceve trascurato, perché non gli importa nulla di noi.

Però al telefono, si possono cogliere informazioni che, talvolta, vanno perse nella grande ricchezza degli stimoli di un incontro diretto. Perché è come se l'altro fosse concentrato in un solo punto, come un cesellatore. O come uno schermidore che se si distrae un istante, se lascia che un pensiero gli attraversi la testa, viene colpito. La persona che non ha interesse per quanto gli diciamo, in un incontro faccia a faccia riesce in qualche modo a simularlo. Al telefono, invece, la sua capacità di concentrazione automaticamente diminuisce, perde una parola, una frase. È costretta a richiedervi una cosa che ha già chiesto, oppure fa un'osservazione che non c'entra per nulla con il discorso in atto.

Al telefono, inoltre, è difficile esprimere emozioni che non si provano. Per esempio le condoglianze. Andando di persona a un funerale basta tenere gli occhi bassi, mormorare poche parole, fare un gesto convenzionale. D'altra parte l'emozione collettiva si comunica facilmente, ci fa partecipare anche se eravamo indifferenti. Al telefono, invece, nel dialogo solitario a tu per tu, nel silenzio assoluto del microfono, solo chi è sinceramente emozionato sa che cosa dire. Le vibrazioni della sua voce, le pause, il respiro d'altronde parlano per lui.

La bontà d'animo si rivela facilmente, al telefono.

Anche se, all'inizio, la persona generosa è colta di sorpresa, o non sta bene, o addirittura è seccata, dopo un po' miracolosamente la sua voce si addolcisce. Non riesce a far prevalere i suoi interessi. Si scusa di non poter rispondere, o di non poter restare all'apparecchio. Voi capite che vorrebbe aiutarvi e che sta male a non poterlo fare.

L'invadente e l'avido, al telefono, invece, qualunque cosa diciate, continuano per la loro strada, indifferenti ai vostri problemi. Insistono. Se dite loro che non avete proprio più tempo, si scusano e ricominciano a parlare, a chiedere. Ignorano tutte le vostre reazioni: la fretta, il disagio, l'imbarazzo, l'ansia, la collera. Sono implacabili. Al contrario dei generosi che interrompono subito per non disturbarvi.

Noi tutti abbiamo avuto questo tipo di esperienze e sappiamo che si possono analizzare le persone parlando con loro al telefono. Ci è più difficile credere che si possono diagnosticare nello stesso modo anche le aziende. Valutare il loro stato di salute, se sono efficienti o inefficienti, se prosperano o vanno a rotoli.

Il primo contatto avviene attraverso il centralino. In una azienda che va bene, che vuol fare profitti, una telefonata è l'occasione per fare un affare. Chi telefona può essere un cliente, quindi sempre benvenuto. L'efficienza si esprime già nel tono di voce, nell'attenzione che gli viene dedicata. Chi risponde al centralino dell'azienda efficiente comunica, anche se non se ne rende conto, che è contento del suo lavoro, che vi si impegna, che vuol rendere un servizio.

Con la stessa prontezza e fedeltà il telefono trasmette il malcontento, la noia, il disinteresse. Spesso, al primo contatto con il centralino, ci sentiamo respinti. La voce dall'altra parte è annoiata, oppure irritata. Ci fa capire che lavora malvolentieri, che noi siamo degli importuni. Soprattutto negli enti pubblici c'è spesso arroganza. Più l'utente è debole ed ha bisogno, più l'altro si sente superiore. Non risponde più, abbaia. In altri casi si sentono diverse voci. Le persone del centralino (o della portineria o dell'ufficio) parlano fra di loro. La telefonata li disturba. Brontolano qualcosa e poi vi ordinano di aspettare. Nessuno si occupa più di voi.

L'azienda inefficiente si riconosce anche perché non ha memoria. Voi potete telefonare cento volte alla stessa persona, magari al direttore generale o al presidente e, ogni volta, vi chiedono chi siete, cosa volete. È come se a rispondervi vi fossero cento persone diverse senza rapporti fra di loro. Quando il marasma aziendale è gravissimo, nessuno sa più nulla. Nemmeno le segretarie personali dei più alti dirigenti che, in genere, imparano a memoria i nomi dei più importanti clienti e li riconoscono immediatamente dalla voce.

Passando ad uno ad uno tutti gli uffici è possibile, attraverso il telefono, diagnosticarne il funzionamento. Valutare il morale, il tono d'umore della gente che vi lavora, lo spirito di cooperazione, il loro grado di informazione sui problemi, la capacità di prendere decisioni.

SERVIZIO

L'ho notato soprattutto in Spagna. In certi ristoranti i camerieri sono di una inefficienza paurosa. Sbagliano il piatto, portano il caffè ma dimenticano lo zucchero, portano lo zucchero ma dimenticano il cucchiaino. Una volta ho cercato di capire il motivo. Osservandoli attentamente, mi sono accorto che, in realtà, essi non si occupavano del cliente, ma di loro stessi, del loro corpo, della loro gestualità. Stavano attenti a come si muovevano, alla eleganza del portamento, al modo in cui era curvato il loro braccio. Era come se, al posto del cliente, ci fosse stato un regista o un coreografo che doveva giudicare la loro bellezza e la loro danza. Questi stessi camerieri poi, quando si incrociavano o si incontravano, parlavano, fra di loro, scherzavano, litigavano. Erano tutti assorbiti da loro stessi e dalle loro relazioni. Del cliente non gliene importava nulla.

Il mondo moderno, l'economia moderna sono sempre più basati sui servizi. Quando era dominante l'agricoltura, il lavoratore era in rapporto con la terra, le piante e gli animali. Nel periodo industriale era in rapporto con la macchina e con i ritmi ossessivi della catena di montaggio. Oggi diventano importanti gli

altri esseri umani. Gli altri lavoratori, i colleghi, i dirigenti ed i clienti.

L'efficienza di una impresa dipende, sempre di
più, dalla capacità di organizzare razionalmente gli esseri umani che vi lavorano tenendo conto dei loro
scopi, delle loro capacità, delle loro motivazioni. Il
suo successo sul mercato, dalla conoscenza dei consumatori, dei loro bisogni, dei loro sogni, delle loro su-
scettibilità.

L'uomo di marketing deve mettersi al posto del
consumatore, identificarsi con lui, vivere la sua vita, i
suoi problemi e immaginare ciò che gli può essere
utile, ciò che gli può fare piacere. Vince chi riesce a
capire più profondamente il consumatore. Vince chi
mette le proprie risorse, la propria creatività al suo
servizio.

Alle radici dell'economia moderna, a fondamento
dello straordinario successo nel modello economico
americano, del prodotto di massa, del mercato di
massa, vi è un atteggiamento umile, che dà importanza all'altro. Vi è un atteggiamento di servizio, una
morale del servizio. D'altra parte la scienza economica moderna è stata creata dai grandi moralisti, dai
grandi riformatori del Settecento. Adam Smith, Fer-
guson o gli italiani Genovesi e Galiani si domanda-
vano: cosa si deve fare per far star meglio la gente, per
ridurre la miseria, per rendere gli uomini più felici?
Questa morale è rimasta alla base del servizio pubblico dei paesi protestanti.

Il funzionario si considera al servizio dei cittadini
e, per prima cosa, si preoccupa di conoscere i loro bisogni, i loro problemi. Non li tratta come sudditi,

come inferiori. Non antepone a loro il suo ruolo, la sua divisa, il suo potere, la sua autorità. Non antepone se stesso, la sua persona.

Lo sviluppo di un paese si può misurare dalla diffusione di questa mentalità, di questa etica dei servizi. Il Giappone ha realizzato straordinari progressi in breve tempo perché la sua cultura dava una grande importanza alla cortesia, al rispetto, alla preoccupazione per il punto di vista dell'altro.

Noi italiani siamo convinti di essere molto bravi in queste cose, invece non è vero. La nostra cultura dà importanza agli affetti, ai sentimenti, all'amore, alle emozioni. Sappiamo essere cordiali. Però queste qualità umane non sono state ancora trasformate in un atteggiamento coerente e razionale. I nostri camerieri sono certo più bravi di quelli spagnoli di cui parlavo, però la nostra organizzazione di accoglienza turistica è spesso più inefficiente. Non ci preoccupiamo abbastanza dei bisogni dei turisti.

IMPARARE

Sono in molti a credere che se qualcuno sa fare solo alcune cose, soltanto quelle, e le ripete continuamente, anno dopo anno, arriva alla perfezione. Perché rifà gli stessi gesti, usa gli stessi oggetti, con lo stesso ritmo. La sua mano è sicura, afferra con destrezza, non ha bisogno di molta attenzione. Potrebbe prendere anche senza guardare. Chi lo osserva ha l'impressione di una straordinaria maestria e lo ammira.

Eppure l'idea è sbagliata, l'osservatore sbaglia. Si è lasciato incantare dalla destrezza, dall'apparenza. Se andasse a guardare l'oggetto originale, quello che l'artigiano faceva anni prima, quando non era così disinvolto e così sicuro, noterebbe che era diverso. Che l'oggetto più recente, rispetto al primo, ha perso qualcosa. È diventato più anonimo, più impersonale, più banale. In certi casi è addirittura peggiorato tecnicamente. Non è più funzionale, ha perso le proporzioni, l'armonia. Gli è mancata la cura, l'attenzione, la vigilanza, la continua creazione.

C'è una legge fondamentale della materia vivente per cui, ad ogni riproduzione, va persa un po' di informazione. Ad ogni replicazione gli errori si cumulano. Dall'interno non si può cogliere l'errore. L'errore si vede solo dall'esterno. Lo vede l'altra persona, oppure è il soggetto stesso se riesce ad allontanarsi da se stesso, a «estraniarsi». Se diventa diverso, si giudica e si corregge. Riprodurre identiche le cose vuol dire reinventarle di nuovo. Perciò chi non apprende, chi non inventa, disimpara. Chi vuol risparmiare energie intellettuali ed emotive, chi si limita a ripetere ciò che sa già, alla fine non sa più nulla. Il sintomo di questa perdita di informazione è la noia. Chi agisce in questo modo fa meno fatica, ma si annoia. La noia è il segnale della perdita di conoscenza. L'insegnante che continua ad adottare lo stesso testo per vent'anni, lo ripete senza voglia e si annoia. Con lui si annoiano gli allievi.

Abbiamo detto che chi non studia e non inventa non riesce a ripetere. Il grande cuoco riesce a fare un piatto di pastasciutta semplicissimo ma delizioso perché sa fare innumerevoli altri piatti. Ha una conoscenza generale dell'arte della cucina. Sa che, per ottenere esattamente quel gusto, con quei particolari materiali, occorrono certe dosi, occorre un certo fuoco, un certo tempo. Se il pomodoro è troppo maturo non avrà bisogno di correggere l'acidità. Se il basilico non è fresco, saprà aggiungere un pizzico di un'altra erba. Ogni volta il suo piatto è identico perché è stato fatto in modo diverso. È una variazione, sul tema. In realtà è un prodotto unico.

La persona che, invece, ha avuto la ricetta e va a fare lo stesso piatto a casa sua, non conosce tutti questi fattori. Già la prima volta, perciò, non ottiene lo stesso risultato. Più passa il tempo, più lo ripete, più si allontana dal modello originario. Se poi lo fa quotidianamente, le capita che, una volta, si trovi senza un ingrediente, un'altra volta cambia l'ordine di cottura, oppure modifica, senza accorgersene, le dosi. È più sicura nel farlo, è più soddisfatta di sé, si sente orgogliosa. Pensa addirittura che il suo piatto sia migliore dell'originale. Invece non è vero, si è degradato.

Quanto sto dicendo sembra in contrasto con quello che si dice oggi sulla necessità di specializzarsi. Alcuni pensano che la specializzazione significhi restringere il proprio interesse ad un campo, imparare a fare soltanto alcune cose e a farle bene. In realtà una specializzazione è un approfondimento e un continuo aggiornamento. Lo specialista è colui che conosce le diverse teorie e i diversi metodi in concorrenza, e sa valutarli. È colui che studia tutto ciò che di nuovo si produce in quel campo. Per lui, quindi, non c'è nulla di fisso, di ripetitivo.

Un'altra esigenza del mondo moderno è la sintesi. Ma anche la sintesi è approfondimento. Ci sono degli studenti che, nel preparare gli esami, compiono un errore gravissimo. Leggendo il testo, fin dalla prima lettura scelgono le cose che a loro paiono importanti. Le sottolineano, prendono degli appunti. Nella lettura successiva hanno l'impressione che le cose essenziali siano ancora meno. Nella preparazione finale dell'esame si soffermano solo su queste parti sottolineate, sui loro schemi, e non guardano più il resto. Il risultato è, in genere, una catastrofe. Dove hanno sbagliato? Per capire che cosa era veramente essenziale avrebbero dovuto studiare e ristudiare tutto il libro molte volte. Anzi avrebbero dovuto leggere anche altri libri per arrivare ad una padronanza completa dell'argomento. Ogni sintesi è una scelta e richiede più informazione.

Nessuno può restare se stesso senza cambiare, nessuno può conservare il sapere senza continuamente imparare, nessuno può ripetere senza inventare. Nessuno ha imparato qualcosa una volta per tutte. Neanche la lingua madre. Dopo dieci anni all'estero ha dimenticato i vocaboli, i verbi, dice delle parole che non sono più in uso. Con il resto è peggio.

Il mondo moderno è caratterizzato dalle grandi organizzazioni. Enti pubblici, grandi imprese, multinazionali. Quali sono le virtù necessarie per vivere dentro queste organizzazioni? Quelle che ci consentono di dare il nostro apporto e, nello stesso tempo, di avere riconoscimenti, successo?

Ogni tipo di società ha bisogno di certe virtù e non di altre. In una società guerriera sarà apprezzato il coraggio fisico. In una società di corte la raffinatezza. Nei servizi pubblici la sollecitudine. E nell'organizzazione? Qualcuno sostiene che nelle grandi organizzazioni occorrono precisione, meticolosità, sistematicità, amore dell'ordine, ubbidienza, prudenza. I moderni esperti dell'organizzazione insistono, invece, su qualità come l'iniziativa, la creatività, l'imprenditività. L'organizzazione moderna, essi dicono, non ha bisogno di burocrati, ma di managers e il manager è, essenzialmente, un imprenditore.

È però un imprenditore di tipo particolare perché opera all'interno di una struttura, ha dei superiori a cui rendere conto e, spesso, più d'uno. In realtà ci troviamo di fronte ad una figura assolutamente nuova che deve combinare in sé qualità e virtù che, nel passato, erano considerate addirittura antitetiche.

Eccone un esempio. Il manager deve essere creativo, individuare nuovi problemi e nuove soluzioni. Deve fare continuamente nuove proposte, deve avere slancio, entusiasmo. Deve spendersi per far accettare il suo progetto, credere in se stesso. Però deve anche essere pronto a rinunciarvi. È questo un punto altrettanto fondamentale. Le strategie delle grandi imprese sono decise lontano, spesso in un altro paese. La decisione tiene conto di innumerevoli fattori, di innumerevoli esigenze. Ed ecco il problema: la persona creativa, entusiasta, attiva, quando la sua proposta non viene accettata, si deprime, si abbatte, si rinchiude in se stessa. Vive il rifiuto come frustrazione. A poco a poco smette di proporre, smette di credere in se stessa. Il manager questo non può permetterselo. Deve continuare a proporre e saper rinunciare.

Questa natura duplice, polare, della virtù del manager la ritroviamo in tutti gli altri campi. Il manager deve essere ambizioso, competitivo. Deve cercare il successo per sé e per l'impresa. Ma deve anche essere capace di collaborare con i colleghi e con i dipendenti. Nessuna azienda può crescere se al suo interno non c'è un clima amichevole. Accanto alle doti di competizione è necessario che il manager sviluppi qualità umane come la gentilezza e la capacità di chiedere scusa, di riconciliarsi. Un po' come nello sport. Dopo la competizione i due atleti si riconciliano, si stringono la mano, cercano di essere amici, dimenticano la sfida.

L'amicizia che nasce dentro le imprese è spesso

molto fragile, qualche volta ipocrita. Perché è continuamente costretta a lasciare il passo all'ambizione o all'utile economico. Però è ugualmente preziosa perché rappresenta uno spiraglio di delicatezza e di umanità in un rapporto che, altrimenti, sarebbe arido e vuoto.

Ed ecco la terza polarità. Da un lato il manager deve essere razionale, freddo, stabilire procedure, metodi rigorosi, pianificare minuziosamente il futuro. Dall'altro, però, deve essere anche estremamente abile nel cogliere il nuovo, nell'individuare, in mezzo alla enorme massa di dati, che gli arrivano ogni giorno, quello importante. Di cogliere il segnale debole nascosto fra mille segnali forti. Questo richiede intuizione, sensibilità. Il nuovo non si presenta mai con la grancassa. È silenzioso, subdolo. È un granello piccolo, una increspatura, un niente. Per coglierlo bisogna vuotare la mente, socchiudere gli occhi, saper ascoltare. Un'altra polarità è quella fra capacità di decidere, di dare ordini, di esigere ubbidienza e capacità di negoziare, di convincere. Nell'azienda moderna non vi è mai un'unica linea gerarchica, un unico capo a cui rispondere. Bisogna saper presentare le proprie idee in modo convincente. I rapporti con i consulenti, con i professionisti, con la stampa, richiedono tatto. Quelli con i collaboratori e i dipendenti pazienza, dedizione, capacità di coinvolgimento.

Occorre, ora, un chiarimento. Una virtù polare non è una via di mezzo, l'aurea *mediocritas*, un poco dell'uno e un poco dell'altro per non esagerare. È, al contrario, entrambe le cose. Capacità di proporre e capacità di rinunciare, competitività e riconciliazione, metodo e intuizione, fermezza e tatto. Tutto questo è difficile. Chi vuol riuscire deve plasmare, disciplinare il proprio carattere, ma anche coltivare spazi di sensibilità umana autentici, di disponibilità autentica. Alcuni giovani che hanno studiato a fondo economia aziendale pensano che sia sufficiente un'ottima preparazione e una grande aggressività. Sbagliano. La società moderna è estremamente mutevole e complessa. Tutti gli atteggiamenti rigidi, nel lungo termine, sono destinati all'insuccesso. La presunzione, l'arroganza, l'autoritarismo, sono catastrofici per tutti.

LA PARTITA

Perché ogni settimana, la domenica, milioni di persone restano con lo sguardo incollato al televisore? Che cosa dà il calcio a coloro che lo guardano, che cosa offre loro, in che modo li arricchisce?

Alcuni sostengono che non dà nulla, e contrappongono lo sport praticato allo sport spettacolo, che sarebbe solo un gioco di emozioni, una ebbrezza fantastica, uno sfogo di istinti. Una specie di orgasmo collettivo, in cui tutti scaricano le frustrazioni e i livori della vita quotidiana. Questi pessimisti non ci vedono niente di positivo, ma solo una prova dell'irrazionalità umana.

I sociologi e gli psicologi sono invece più ottimisti, e sostengono la tesi che l'individuo ha bisogno, periodicamente, di dimenticare la propria identità, di fondersi con la collettività. Nello stadio tutti sono uguali. L'avvocato, il medico, l'operaio e il suo direttore, il giudice e la casalinga, i ricchi e i poveri dimenticano chi sono e provano una straordinaria ebbrezza di libertà. Si scatenano in eccessi, gridano, si abbracciano, si fondono insieme a costituire un nuovo potente organismo sovraindividuale. Poi, a casa, ciascuno torna a se stesso, alla vita di tutti i giorni.

In realtà la partita di calcio non è soltanto quella zona franca in cui milioni di individui vanno per dimenticare le regole di comportamento della vita quotidiana, ma è anche una fonte di insegnamento di valori e di moralità che poi servono proprio nell'esistenza normale.

Ripensiamo a una partita. I giocatori partono per un'azione, tessono pazientemente una trama superando innumerevoli ostacoli. Superano una barriera, una seconda barriera, poi l'azione fallisce. Devono ricominciare da capo e poi da capo ancora. Senza mai dimenticare la meta, senza mai lasciar cadere la tensione, senza mai lasciarsi abbattere dall'insuccesso.

È esattamente quello che la vita richiede a ogni individuo. Qualunque meta noi ci poniamo, a cominciare dall'essere promossi a scuola, dobbiamo compiere un numero enorme di azioni coordinate: imparare un teorema, una poesia, superare una interrogazione, poi un'altra ancora, poi un compito in classe, e così via, ricominciando daccapo ogni volta perché nessun risultato è definitivo. Non ci si può mai fermare, riposare, distrarre.

La partita è una metafora della vita. O ne è una sintesi emblematica, esemplare. Nella partita, quando hai successo, quando hai fatto un gol, corri il pericolo di fermarti soddisfatto, di rilassarti. E invece quello è il momento del massimo pericolo, perché l'altro scatena la controffensiva. Molti individui vengono sconfitti e molte imprese falliscono perché, dopo aver avuto un buon risultato, credono di essere diventate invulnerabili e non ricordano che i concorrenti hanno già studiato le loro mosse, hanno imparato da loro.

Un'altra norma morale che la partita insegna, è che ti devi spendere, ci devi mettere passione e, nello stesso tempo, devi avere un enorme autocontrollo. Hai sempre addosso un avversario, un marcatore. Ma non puoi dargli un calcio, una gomitata, perché l'arbitro ti squalifica. E l'arbitro è inappellabile. Come il professore che ti fa l'esame, come il dirigente che ti rimprovera. E può avere torto marcio, ma non puoi gridare, non puoi insultarlo. Devi stringere i denti, accettare l'ingiustizia e correre avanti ancora. L'eroe deve essere imperturbabile.

Nella partita, come nella vita, nessuno di noi è, in realtà, un giocatore isolato. Tutti abbiamo bisogno del passaggio giusto. Nella partita il grande campione è un generoso, prepara l'azione per gli altri, li porta alla vittoria.

Tutti questi valori, queste regole morali, noi le apprendiamo e riapprendiamo guardando una partita, le facciamo nostre, le portiamo nella nostra azione quotidiana. Sono un esempio, un modello ideale, che ci sostiene, ci guida nel difficile mestiere di vivere.

LA CONOSCENZA DELL'ANIMO UMANO

A noi tutti è capitato di restare stupefatti, parlando con persone comuni, della loro capacità di penetrazione psicologica. Al punto da dire che sono dei grandi psicologi anche se sappiamo, con sicurezza, che non hanno mai sentito nominare né Sigmund Freud, né Alfred Adler, né Carl Gustav Jung. Sono psicologi autodidatti, che hanno imparato la psicologia dalla vita, dalle lotte che hanno dovuto affrontare, dai problemi umani che hanno dovuto risolvere, dai pericoli che hanno dovuto superare.

Talvolta è la custode di un palazzo che ci stupisce con le sue osservazioni. E ci domandiamo meravigliati: come ha fatto questa donna, che non ha studiato psicologia o sociologia, a intuire le motivazioni più nascoste delle persone? Osservandola ci accorgiamo che è stato il suo lavoro a portarla a questo. In un condominio vivono centinaia di persone, giovani e vecchi, persone innamorate, persone povere e malate, persone colleriche e vendicative. Persone generose, gentili. Persone ricche, persone che sembrano ricche, ma vivono di espedienti ai limiti della legge. Poi ci sono i proprietari delle abitazioni che vogliono che lei controlli il loro affittuario. Ci sono gli ambulanti che cercano di insinuarsi, i fornitori, i clienti degli uffici. Ci sono gli amici delle persone che nel condominio abitano, quelli importanti e quelli indesiderati. Vi sono poi i malviventi, gli spacciatori di droga.

Lei queste persone deve conoscerle tutte, deve intuirne il carattere da pochi segnali, dal modo di camminare, dal modo di vestire, dall'espressione del volto, dal tono della voce.

Per avere un buon rapporto con tutti non deve sbagliare. Deve sapere quando può essere scherzosa e quando deve tacere. Come dare una notizia sgradevole e come rimproverare un bambino senza che i genitori suscettibili si offendano.

Casi analoghi li troviamo fra i managers che, giorno per giorno, devono prendersi cura di molte persone e dei loro problemi. Anche loro sono costretti a conoscere profondamente la psicologia dei propri dipendenti. In questo caso non è tanto importante lo studio del gesto, del comportamento, quanto la capacità di ascoltare. Perché i dipendenti non parlano solo dei rapporti d'ufficio, ma vi introducono la propria vita familiare, gli eventi che accadono, i bisogni, le disgrazie, gli imprevisti. Davanti a loro sfilano non solo individui singoli, ma intere famiglie, e problematiche universali. Il problema dei genitori anziani, il problema dei figli, la scuola, le infedeltà, le nevrosi. Per questo motivo un comune manager, un capufficio, un caporeparto, se è sensibile e svolge bene la propria attività, può diventare un profondo conoscitore dell'animo umano.

Questi tipi di persone imparano dalla vita nel suo

fermento quotidiano. Imparano osservando, confrontando, riflettendo, mettendo pazientemente in relazione eventi, così come fa lo scienziato, o il drammaturgo, o il grande romanziere. Però non scrivono libri, non pretendono di sapere, o di insegnare. Sono umili.

Il loro comportamento, il loro essere, è totalmente agli antipodi della categoria degli *eruditi*. L'erudito non impara dalla vita, ma solo dai libri. Non riesce a vedere con i suoi occhi, a giudicare con la sua testa, ma ripete solo ciò che hanno già detto gli altri. Questi altri sono sempre delle «autorità» riconosciute, consacrate da una lunga consuetudine.

Ciò che accomuna gli eruditi è questo: di fronte ad un problema, ad un evento, ad un dramma, non analizzano il fenomeno, ma cercano un libro, una citazione. La loro non è una conoscenza, è un esorcismo. Non sono affatto interessati a scoprire i meccanismi veri, ma ad eliminare il problema. Gli basta che qualcuno abbia già scritto su di esso.

Questo tipo di persone non può essere umile, perché è sempre ammantato dai paludamenti del sapere più autorevole, più riconosciuto e più consacrato. Come un tempo facevano gli aristotelici, secondo cui Aristotele aveva già detto tutto, e quindi loro, suoi allievi, sapevano tutto.

Molto spesso la cultura viene identificata con questa capacità di citazione, con questa erudizione. Molte persone del primo tipo, intelligenti, capaci di apprendere e di investigare, quando sono a contatto con gli eruditi, dapprima si sentono ignoranti, si vergognano. Poi riflettono e, confrontando ciò che hanno ascoltato con la realtà, arrivano alla conclusione che la cultura è vuota, che non spiega niente, che non serve a niente. Ed è un peccato e sbagliano, perché la vera grande cultura aderisce alla vita, i grandi drammaturghi, i grandi romanzieri, i grandi scienziati, da Shakespeare a Goethe, da Beethoven a Verdi, da Pasteur a Freud si avvicinavano agli uomini e ai fenomeni con il bagaglio di tutto il sapere sulle spalle. Ma con l'atteggiamento stupito e meravigliato di un bambino. Il bagaglio gli serviva per capire il limite della conoscenza umana e non certo per ammantarsene. Gli serviva per carpire il senso profondo di ciò che osservavano ma, soprattutto, per organizzare e comunicare alla gente le nuove scoperte.

La vera cultura, quella utile, è sempre una sintesi fra il sapere accumulato e l'osservazione instancabile della vita vivente.

Successo e creatività

CHI CERCA SOLO IL SUCCESSO

Per realizzare un'opera veramente grande e, quindi, per avere un reale, duraturo successo, occorre non desiderarlo, non cercarlo, non farsene ossessionare. Anzi, non pensarci affatto e concentrarsi, invece, sulla qualità del lavoro, cercando solo e soltanto la perfezione. Detta così sembra una di quelle massime edificanti che servono a consolare chi non ha avuto successo. Sul tipo di quella secondo cui i veri meriti vengono sempre riconosciuti o che non è importante vincere, ma partecipare alla gara.

Invece non si tratta affatto di una massima morale, ma di un fenomeno reale ed osservabile. Un fenomeno, dobbiamo aggiungere, paradossale. Perché, per avere successo è necessario, da un lato, desiderare di averlo, cercarlo, essere motivati al successo. Ma, dall'altro, contemporaneamente, non cercarlo, disinteressarsene. Un po' come succede della felicità. Noi non possiamo trovare la felicità se non la cerchiamo, se non andiamo alla ricerca delle cose che ci piacciono, se non creiamo le situazioni in cui possiamo incontrarla. Però, se vogliamo catturare la felicità con sicurezza, in una certa domenica, in una certa vacanza, quasi sempre saremo delusi. Perché il nostro desiderio cresce smisuratamente, diventiamo impazienti e qualunque contrattempo finisce per amareggiarci. In questa situazione non potremo mai essere felici. Per essere felici dobbiamo saper accettare l'insuccesso e la sfortuna, non aspettarci nulla, allora la felicità ci appare.

Nel caso dell'opera importante noi possiamo essere ostacolati proprio dal desiderio di successo, e in molti modi. Teniamo presente che il successo è un riconoscimento pubblico. È la gente che discute ciò che abbiamo fatto, che lo apprezza, che parla di noi, che lo approva. Molti, allora, per raggiungerlo, si preoccupano soprattutto di piacere alla gente, di fare ciò che questa domanda, di compiacerla. Cosa giusta ma che, da sola, è assolutamente insufficiente. Il successo di un romanzo deriva anche da qualcosa di totalmente inatteso, da qualcosa che nessun pubblico avrebbe potuto immaginare prima. Dall'innovazione, dalla creazione di ciò che nessuno, né l'autore, né il pubblico avrebbero saputo immaginare. Il successo richiede qualcosa di assolutamente nuovo, sconcertante, che potrebbe determinare il trionfo o il fallimento totale. Il *novum*, l'alea, l'imprevedibile e, quindi, l'inconoscibile, sono parte essenziale delle grandi opere.

Perciò chi si limita a seguire i gusti del pubblico e a cercarne il favore, chi si limita a seguire i suggerimenti dei ben informati, dei critici, a domandarsi che cosa pensano le giurie dei premi, non potrà mai fare un'opera importante. Perché produrrà qualcosa di già noto, di vecchio. Darà ai suoi interlocutori ciò che sanno già.

Un altro motivo deriva dal fatto che il parere del pubblico, la sua reazione non è mai omogenea. Alcuni pensano che il successo consista nell'essere approvati, apprezzati, ammirati. Certamente, ma anche discussi, criticati, invidiati, odiati. Chi si preoccupa eccessivamente dell'opinione degli altri resta frastornato. Per accontentare tutti dovrebbe mettervi dentro un po' di tutto, lottizzarsi, frantumarsi, fare mille differenti moine. Invece l'opera che vale è sempre qualcosa di unitario e di definito. Quindi il frutto di una scelta, di una esclusione intransigente.

Da ultimo vi è il complesso gioco dell'aggressività. La gente che ci circonda, talvolta, vuol trarci deliberatamente in errore. È questo un fenomeno sconcertante, e che facciamo fatica ad ammettere perché, spontaneamente, pensiamo che chi ci parla, chi ci consiglia, chi si occupa di noi, sia un amico. Invece noi siamo oggetti di gelosia e di invidia. Il geloso vuol ferire chi amiamo o vendicarsi del fatto che lo abbiamo trascurato. L'invidioso vuole il nostro male sempre e comunque.

Ma il pericolo più grande non viene mai dall'invidia degli altri, viene dalla nostra invidia. L'invidia è un sentimento mimetico. Nasce dalla identificazione con chi consideriamo superiore a noi. Finché questa persona ci appare raggiungibile noi proviamo un sentimento di emulazione. Quando invece la distanza fra lui e noi aumenta, allora, non potendolo raggiungere, cerchiamo di abbassarlo al nostro livello. Diciamo che non vale nulla.

Facendo così noi perdiamo qualcosa di essenziale: il nostro modello, il nostro ideale. Distruggiamo ciò che avrebbe dovuto farci da guida, portarci verso l'alto. Chi, anziché concentrarsi sulla sua opera, pensa ai concorrenti, a chi ha avuto successo e prova invidia per loro, non solo disperde le sue energie in un odio sterile, ma si acceca. Non vede più che cosa ha valore, non si sente più stimolato a migliorare, non riesce neppure più ad imparare. L'invidioso guarda fuori di sé solo per cercare ciò che lo allontana dalla meta.

Per questo, qualunque cosa facciamo, qualunque sia il nostro lavoro, l'unica salvezza sta nel concentrarsi su di esso, cercando di farlo in modo perfetto. Per i greci questa era la virtù, l'*areté*, l'eccellenza.

L'ESAME

Devo andare ad una riunione in cui viene presentata la pubblicità di un'azienda per i prossimi anni. Vi abbiamo lavorato a lungo. Prima i dubbi, le ricerche, poi lo studio di una soluzione. Abbiamo esplorato molte strade, consultato molte agenzie. Ne abbiamo scelta una con attenzione ed essa ha certamente investito nell'operazione tutte le sue risorse. Nonostante ciò aspettiamo con ansia di vedere i risultati.

Nessuno, dall'amministratore delegato fino ad un semplice consulente quale sono io, ha gli elementi per sapere se andrà tutto bene. C'è in ogni intrapresa, anche in quella programmata con cura meticolosa, un margine incredibile di rischio.

Chi ha fatto un film come fa a sapere se poi il pubblico sarà pronto a riceverlo e ad acclamarlo? Dopo, quando c'è stato il successo, tutto appare semplice e logico, ma della logica illusoria delle cose già accadute.

La vita, nella sua essenza, nella sua struttura, è progetto e rischio. C'è sempre un momento in cui siamo sospesi nell'attesa. Per migliaia di anni il destino dei popoli e delle civiltà è stato affidato alla guerra, spesso ad un'unica battaglia. Entrambi i contendenti accumulavano tutte le loro risorse, gli uomini, l'organizzazione, il coraggio, i simboli, i canti, la forza delle tradizioni, in un unico punto. La sera dopo uno di loro sarebbe stato distrutto, spazzato via per sempre.

Anche noi, come individui, qualsiasi cosa facciamo, non possiamo sottrarci a questa legge dell'esistenza. Non capisco quei pedagogisti che vogliono togliere gli esami dalle scuole. L'esame è parte integrante dell'educazione. Non capisco quei genitori che vogliono evitare ai loro figli questo stress. Vivere vuol dire prevedere, calcolare, padroneggiare lo stress.

È soltanto quando stiamo per affrontare l'esame che noi ci rendiamo conto di quanto avremmo potuto e dovuto fare. Prima tendiamo a cullarci nelle illusioni, ad immaginare il mondo come ci piacerebbe che fosse. Lo studente guarda il grosso libro e gli sembra impossibile che possano veramente interrogarlo su una qualsiasi delle pagine, su una qualsiasi delle frasi. Cerca di non pensarci, rinvia. Ma quando si avvicina l'esame la sua mente diventa più acuta, più sospettosa. Va a vedere come si svolgono le interrogazioni ed incomincia ad avvicinarsi alla realtà.

Un progetto, all'inizio, è una semplice fantasia, un sogno. Per realizzarlo, noi dobbiamo ricostruire nella nostra mente tutte le sfaccettature del reale, tutte le possibili alternative. Prevedere tutti i possibili trabocchetti che ogni azione può incontrare, tutti i possibili «esami» che il mondo, ad ogni tappa, inevitabilmente ci imporrà.

Per tutti questi passaggi, ogni volta, dobbiamo

cercare di metterci nello stato d'animo del giorno che precede la battaglia, per vedere se non abbiamo sbagliato in qualche punto, se non abbiamo trascurato un particolare importante, se non ci siamo fatti trascinare dall'entusiasmo, se siamo stati obiettivi. Dobbiamo riprodurre il più possibile la realtà, l'ansia della realtà, l'incertezza della realtà.

Per questo programmano meglio le grandi organizzazioni. Perché ogni funzionario si concentra su un problema specifico. Perché, utilizzando ricerche, consulenti, test, la realtà viene simulata meglio. Invece l'individuo isolato, anche geniale, può farsi trascinare da un suo pregiudizio, da una sua preferenza. Per questo il despota, anche intelligentissimo, ad un certo punto sbaglia. Perché non ascolta le voci degli altri, i messaggi del reale.

Solo correndo incontro alla realtà, accettandone fino in fondo il durissimo esame, noi possiamo sperare di ridurre il rischio del futuro.

LA PAZIENZA

Se invitate la gente a dire che cosa le viene in mente pensando alla pazienza, ottenete risposte del genere: «Una donna rassegnata, un bue, una persona anziana che fa passare il tempo». Invece, all'impazienza: «Un giovane vivace, un capo che dà ordini in modo imperioso, una donna bella e capricciosa». Ci sono poi molti che considerano la pazienza e l'impazienza due qualità innate, come sarebbero il colore degli occhi o la lunghezza del naso. Alcuni addirittura si vantano dell'impazienza del marito e della moglie. «Non riesce a star ferma un momento, non sopporta le lungaggini» dicono, come se fosse una prova di vivacità intellettuale o di forza di carattere.

Sono invece convinto che la pazienza sia una virtù fondamentale. E, tanto per cominciare, non è affatto innata. La pazienza si apprende, si costruisce col ferreo esercizio della volontà. Il bambino è impaziente. Se ha fame piange, se non c'è la mamma si dispera. L'adolescente è impaziente, morde il freno per stare qualche ora fermo a scuola. Ma anche il bambino, anche il ragazzo, se vogliono riuscire in uno sport, dal calcio alla pesca, devono subito disciplinare i loro impulsi. Devono imparare a stare immobili, attenti, e poi scattare quando è il momento, né un istante prima, né un istante dopo. Devono ripetere pazientemente centinaia di volte lo stesso gesto per perfezionarlo.

Molta gente confonde la pazienza con la pigrizia, il disinteresse, l'apatia. Stati psichici caratterizzati dalla mancanza di energia vitale. Invece la pazienza è la capacità di controllare una grande energia vitale senza farsene travolgere, ma indirizzandola a un fine. Nei momenti difficili della vita noi dobbiamo essere capaci di perseguire tenacemente una meta, di volerla con tutta la forza del nostro animo, eppure dobbiamo anche saper aspettare. Come è più facile dare in escandescenze, sbattere una porta! Difficile è sopportare la prima, la seconda, la terza sconfitta e, ogni volta, ricominciare, ritessere le file, cercando nuove strade, nuove alleanze.

Tutte le volte che dobbiamo affrontare una grave prova, come un concorso, un affare, una malattia, ma anche un amore, la vera difficoltà è saper resistere giorni e giorni, mesi e mesi, alla più atroce incertezza. La pazienza, in questi casi, è il nome che diamo al coraggio.

Il coraggio è la virtù del cominciamento. La pazienza è la virtù del ricominciamento. Perché deve rinascere ogni mattina, ogni ora, ogni minuto. Per «tener duro» bisogna ricominciare a farlo infinite volte.

I giovani, finché sono in famiglia, possono permettersi di essere impazienti, cioè di comportarsi come bambini protetti dai loro genitori. Il momento della verità viene quando incominciano a lavorare. Allora, con stupore, si accorgono che nessuno più corregge le loro intemperanze. E che ogni errore devono pagarlo.

E, da quel momento, ogni progresso professionale dipende dalla loro capacità di osservare gli altri, di studiarli, di capirli. Siano essi i colleghi, i clienti o i dirigenti. E anche quando viene il momento di parlare, di dire le proprie ragioni, devono sapersi controllare, agire con prudenza e pazienza.

L'impazienza crea sempre panico e disagio attorno a sé e, alla fine, si fa tutti nemici. Il padre padrone che, quando torna a casa, urla ad ogni ritardo, il capufficio che sbraita con la segretaria, il dirigente che strapazza i suoi collaboratori. Costoro usano l'impazienza come strumento di dispotismo e avvelenano la vita e il lavoro degli altri.

Chi vuole riuscire non può permettersi questi capricci. A cominciare dal venditore che deve porsi dal punto di vista del cliente, sempre gentile, sempre paziente. Ma anche il grande manager, se vuol ottenere il consenso dei suoi collaboratori, se vuol motivarli davvero, deve essere pronto ad ascoltarli, a parlare, a spiegare, a giustificare, come fa l'allenatore di una squadra. Deve mettercela tutta, e prodigarsi, prodigarsi; e ne deve avere di pazienza!

LA COMUNITÀ CREATIVA

Ci sono dei periodi fortunati nella storia dei popoli in cui la creatività è così grande che riesce a dare un contributo decisivo al progresso dell'umanità. È successo nelle città-Stato greche e italiane, in particolare ad Atene e a Firenze. Entrambe allora erano piccolissime in confronto a quelle di oggi, ma mille volte più ricche di intelligenza e di genio.

Per spiegarlo spesso si pensa a qualcosa di biologico, di genetico, ad una razza particolarmente intelligente. Ma, in realtà, dovevano essere l'ambiente sociale, la cultura, il tipo di relazione fra le persone a stimolarle a dare il meglio, ad affrontare imprese straordinarie, sfide impossibili. I mercanti esploravano nuove rotte, le città fondavano nuove colonie, si cercavano nuove tecniche, si accettava la competizione in tutti i campi, quello sportivo, quello intellettuale, quello artistico. Tutti i cittadini avevano uno spiccato gusto per il bello e lo esigevano. I mecenati, in competizione l'uno con l'altro, spingevano gli artisti a superarsi. Sono le domande intelligenti che producono risposte intelligenti, sono le richieste geniali che producono i geni.

Anche oggi è così. La maggior parte delle scoperte scientifiche di tutto il mondo vengono da poche grandi università o addirittura da pochi grandi centri di ricerca. Perché lì si sono formate delle comunità scientifiche in cui tutti discutono, si confrontano, si stimolano, collaborano, competono. Sono comunità spietate ed esclusive, in cui nessuno può permettersi di essere mediocre, e così impara a non esserlo. Poiché tutto il mondo guarda a loro e pone loro le domande più importanti, esse imparano a darvi delle risposte adeguate.

Ma anche la Hollywood dei tempi dorati era una comunità di forsennati, di megalomani che tentavano strade deliranti e chiedevano cose impossibili, in cui l'idea più innovativa ne stimolava un'altra ancora più audace. Una comunità caotica, polimorfa ma che percepiva, come un grande organismo collettivo, tutti i bisogni inespressi del mondo e rispondeva con i suoi sogni.

Nessuno produce nulla da solo. Non ci sono creazioni individuali, ma solo collettive. Solo la collettività ha i mille occhi e le mille orecchie capaci di percepire i segnali del futuro. Anche il creatore individuale è stato alimentato da una comunità. Si è collocato nel crocevia giusto, si è tuffato nel flusso delle informazioni. Ha imparato dagli amici e dai nemici. Il suo più solitario monologo è stato, in realtà, un dialogo, una polemica. Per quanto isolato nel rifugio, non ha mai abbandonato l'agorà. Egli non è poi molto diverso dall'imprenditore e dal politico, che riescono a combinare e a sfruttare gli sforzi e i risultati di migliaia di altre persone. La creatività cessa quando rallenta la tensione collettiva, la spinta verso l'eccellenza. Quando la gente non guarda più lontano ma vicino, quando non esplora più il futuro ma si accontenta del presente, quando non imita più gli altri per fare meglio, quando smette di sognare, quando diventa esitante. È come un organismo che smette di essere vigile, attento, scattante. Si impigrisce, non sente più nulla, non reagisce. Succede alle nazioni, ai partiti politici, alle città, alle imprese. Dopo una fase di espansione subentra il ristagno e la decadenza. Vengono lasciate cadere le sfide, la visione strategica è sostituita dalla tattica, al posto degli innovatori subentrano i burocrati. Allora anche la creatività degli individui si spegne. Trova troppi ostacoli, non viene capita, viene inghiottita dalla mediocrità.

CONFORMISMO

La grandezza storica, l'importanza storica del personaggio, non ci parla con chiarezza delle qualità dell'uomo. Ciò che un uomo è riuscito a fare storicamente, gli effetti della sua azione, la sua fama e il suo
potere dipendono, in ampia misura, da fattori esterni
a lui. Napoleone era veramente un prodigio di intelligenza, eppure ciò che ha realizzato lo deve all'immensa energia rivoluzionaria della Francia e all'attesa
di rinnovamento diffusa nell'Europa.

Noi siamo portati quasi istintivamente a chinare il
capo, a immaginare virtù e qualità sovrumane in coloro che dominano la nostra epoca. Io ho assistito,
bambino, alla gloria di Mussolini. In tutte le case italiane c'era un suo ritratto che ti inseguiva con gli occhi. Gli uomini lo ammiravano e lo imitavano, le
donne lo amavano. Poi si è visto che era, nel complesso, un mediocre avido di elogi e un confusionario.

Ho assistito alla gloria di Stalin, guida dei popoli,
genio universale su cui i miei amici giuravano più che
sul loro padre, su cui non avevano dubbi. Poi si è capito che era riuscito a trionfare solo per il suo infinito
cinismo, per la sua totale mancanza di freni morali.

Per i vizi che gli avevano consentito di uccidere tutti coloro che erano migliori di lui. E lo stesso è accaduto per Hitler.

La confusione fra la potenza e il valore c'è anche in altri campi. Per molti anni in Italia tutti si rifacevano a Croce. Non c'era un articolo, una conferenza, un dibattito che non gli facesse omaggio. Poi, improvvisamente, il suo nome è scomparso. Ed è venuta l'epoca in cui era d'obbligo citare Marx, rifarsi a Marx, omaggiare Marx. Queste onde di dipendenza culturale Foucault le chiama *epistemi*. «In ogni epoca storica» egli dice «solo pochi hanno la parola. Agli altri è tolta, devono ammutolire, e non c'è per loro alternativa.»

In realtà queste cose succedono perché gli uomini sono mossi da forze deteriori come l'abitudine, lo spirito di gregge, il conservatorismo, oppure il gusto vanesio della moda. Che Mussolini fosse un cialtrone l'avevano capito anche molti nobili italiani mandati in esilio. Che Stalin fosse un ipocrita sanguinario l'avevano capito alcuni comunisti coraggiosi che, a prezzo della vita, si sono staccati da lui. E immaginare che il mondo sia fatto di *epistemi* o di mode è spesso solo un alibi per giustificare la propria mancanza di spirito critico.

CHI DURA NEL TEMPO?

Ci sono dei campioni sportivi che si impongono con forza sopra tutti gli altri. La loro bravura è tale da non avere veramente più rivali. Sono invincibili. Tutti parlano di loro, e sembra che il loro successo debba durare in eterno. Invece, improvvisamente, perdono le straordinarie capacità che li avevano portati al trionfo e, in poco tempo, spariscono nell'anonimato.

Mi viene in mente Paolo Rossi, il centravanti della Juventus che fu uno degli artefici della vittoria ai campionati del mondo in Spagna. Aveva un'abilità eccezionale. Come è possibile che sia scomparsa nel giro di due, tre anni? Eppure è andata così. Paolo Rossi è scomparso di scena per lasciare il posto prima a Platini, poi a Maradona.

Perché vi sono anche dei campioni che continuano a gareggiare per anni, ad essere bravi per anni, a restare alla ribalta per anni ed altri, invece, che svaniscono subito? Che cos'hanno di diverso? La struttura fisica, la fisiologia? O, invece, la differenza va cercata nella mente, nella psiche, nella motivazione?

È in questa direzione che si deve guardare. Alla motivazione e al modo di pensare.

Tutti i campioni che hanno avuto una carriera folgorante avevano una spinta interiore. Molti di loro sono venuti dai ghetti, da ambienti miserabili e lo sport è stato l'unica strada per uscirne, l'unico strumento per il riscatto. Nello sport non occorre una lunga preparazione come nelle scienze, come nell'arte. Basta la forza fisica, l'energia muscolare, un certo talento ma, soprattutto, la volontà di riuscire, la rabbia. È per questo che tutti i grandi pugili ormai sono neri, perché gli altri non sono più disposti a battersi fino in fondo, a farsi ammazzare sul ring. Loro sì, loro sono pronti a farsi rovinare, a farsi uccidere, pur di uscire dal ghetto.

Questa motivazione straordinaria, quando raggiungono il successo, subisce una trasformazione. Adesso il campione è ricco, può fare una vita comoda, tende a rilassarsi. Nello stesso tempo acquista una grande fiducia in se stesso. Spiega il suo successo con le sue sole qualità. Non capisce o dimentica che lo deve a molti altri fattori, a molte altre persone. C'è stato chi lo ha scoperto, chi ha puntato tutto su di lui. Ma il successo è dipeso anche dal pubblico, dalla fortuna, perfino dalle disgrazie dell'avversario. Così, a poco a poco, perde il contatto con la realtà. Diventa arrogante, capriccioso, smette di allenarsi, viene sconfitto e scompare di scena.

Chi si salva da questa malattia? Solo colui che riesce a restare uomo, a considerarsi come gli altri. Chi riesce a capire che il percorso che ha fatto non lo ha fatto da solo, ma grazie all'aiuto di numerose persone.

E si salva anche chi diventa consapevole che non potrà più avere l'energia, la forza fisica, la determinazione disperata, la rabbia di un tempo. Per cui cerca di sostituirle con l'esperienza, con la professionalità, con la capacità di gestire le energie, di concentrarsi.

Quello che abbiamo detto non vale solo per lo sport. La storia è stata profondamente influenzata dalle persone emerse dal nulla, dalla miseria, dall'emarginazione. Prendiamo l'esempio di Napoleone, nato povero in un'isola. Ma con una volontà indomabile, capace di piegare il suo corpo, fino a dormire quando voleva. Ed anche Napoleone ha perso il contatto con la realtà, si è ritenuto invincibile, un dio. La sua rovina è incominciata quando ha dimenticato che il suo successo era dovuto a tanti fattori, a tante concordanze storiche: il mito della rivoluzione, i desideri dei suoi soldati, le speranze dei popoli europei. Avrebbero potuto salvarlo una maggior cultura, una maggior capacità di ascoltare, di riflettere.

E questo vale per tutti, anche nella nostra vita quotidiana. Ciascuno di noi, nel profondo, ha un desiderio di riscatto ed è questa la motivazione più forte che ci spinge avanti. E tutti noi, quando abbiamo raggiunto il successo, negli affari, in amore, nell'arte, nella scienza, tendiamo a dimenticare chi vi ha contribuito. Molti managers hanno fatto questo errore. Hanno dimenticato che il loro successo era dovuto alla serena vita familiare creata dalla moglie, alla sincerità degli amici, alla dedizione dei collaboratori. E così, a poco a poco, hanno creato risentimento, frustrazione, amarezza. Fino al giorno in cui si sono trovati soli di fronte al pericolo e sono stati travolti. Anche a questo può porre rimedio la cultura e la professionalità.

Vi sono delle persone che, durante la giovinezza, hanno un grande periodo creativo, fanno tutte le loro cose migliori. Negli anni successivi vivono del successo acquistato e lo mantengono. Ma, ad un certo punto, non producono più nulla di nuovo ed incominciano un rapido declino. Altri, invece, hanno la capacità di rigenerarsi e fanno cose bellissime durante tutto il corso della vita, fino ad età avanzata.

È un fenomeno che si presenta in tutti i campi. Viene in mente il caso di Cesare Beccaria che ha scritto un'opera fondamentale, *Dei delitti e delle pene* da giovane e poi più nulla. Al contrario Kant ha creato opere immortali a quasi sessant'anni. Fenomeni analoghi si trovano nella letteratura, nella musica, perfino nel campo degli affari e dello sport.

Da che cosa dipende questa differenza? Dalla capacità di rischio, dalla capacità di mettere in discussione se stessi, il proprio valore, le proprie opere, le proprie idee. Dalla capacità di ricominciare.

Il motivo è profondo e universale. Riguarda la natura stessa della vita. La vita, a tutti i livelli biologici, è rischio. Ogni essere vivente è costretto a procurarsi il cibo e a difendersi da predatori, parassiti, microorganismi. Se non lo fa muore. Deve continuamente apprendere, risolvere problemi nuovi. E questo a partire da ogni singola cellula.

Non esiste una intelligenza separata dai problemi che deve risolvere. L'intelligenza è la capacità di vedere i problemi, di affrontarli, di risolverli. La creatività è soltanto un modo più audace, più rischioso, più nuovo di fare la stessa cosa. Il genio è il prodotto della sua vita e della società in cui vive. Se la società gli chiede molto, se l'ambiente culturale gli pone i problemi più difficili, allora lui troverà le soluzioni geniali.

I più grandi poeti, i creatori della lingua, Omero, Virgilio, Dante, Shakespeare appaiono all'inizio, quando non c'è ancora nulla e un intero popolo aspetta una lingua con cui parlare. Le grandi opere d'arte nascono perché ci sono mecenati, clienti esigenti. Le grandi scoperte avvengono là dove la cultura e l'ambiente scientifico pretendono, esigono cose straordinarie.

L'individuo, per riuscire, deve accettare questa sfida, anzi alimentarla dentro se stesso. Porsi traguardi più elevati. Non c'è nulla di più tragico, per l'individuo come per i popoli, dell'abitudine alla mediocrità.

Per restare fermo, un individuo deve fare il dieci per cento in più di quanto gli appare sufficiente. Se non lo fa, scivola indietro. Perché anche per restare fermi occorre un enorme lavoro. Pensiamo alla memoria. Noi dimentichiamo in continuazione le cose che sappiamo. Il bilancio resta pari solo apprendendo cose nuove. Ma se vogliamo crescere veramente allora dobbiamo letteralmente gettarci fuori di noi, affrontare lo shock dell'ignoto. La *full immersion*, usata per imparare una lingua, è fondata su questo principio.

Nessuno perfeziona una tecnica, un'arte, ripetendo i gesti che già conosce. Per migliorare occorre studiare cose nuove, esplorare altre strade. E allora ne beneficerà anche l'attività che stiamo facendo.

Gli individui che, nel corso della loro vita, sono rimasti creativi, hanno subìto, periodicamente, delle vere e proprie mutazioni. Tutti, a scuola, impariamo che gli artisti hanno delle fasi, dei periodi. Picasso ha incominciato come impressionista, poi si è messo a studiare l'arte negra. Kant, superata la metà della vita ha cambiato completamente ed ha scritto la *Critica della Ragion pura*. Poi ha cambiato ancora, occupandosi prima della morale e poi dell'estetica.

A volte questi passaggi sono dolorosi, drammatici. Questi mutamenti, inoltre, sono sempre rischiosi. Perché l'individuo si getta in un campo nuovo, che non conosce, e può fallire. Ma il rinnovamento avviene solo se il pericolo è reale, se il rischio è reale.

Scopriamo allora che, per restare creativi, occorre anche una qualità morale: il coraggio. Perché è forte la tentazione, quando uno è riuscito, di sfruttare ciò che ha fatto, di ripetersi, di andare a caccia di riconoscimenti, di premi, di medaglie.

Ho conosciuto persone di grande talento che, ad un certo punto, hanno avuto paura del nuovo, paura di cambiare, di crescere. E si sono rinchiuse nel loro passato, nella loro casa, nel loro benessere, nelle loro abitudini. Come pensionati. Rapidamente sono spariti di scena. Non hanno fatto più nulla.

IL VIAGGIO

Il viaggio è una forza positiva attraverso cui l'individuo costruisce se stesso, la sua identità e, nello stesso tempo, nuovi rapporti umani. La storia dell'Occidente è il risultato dei contatti, delle lotte, degli scambi, delle nuove relazioni nate dai viaggi. Ma se si scava a fondo, ci si accorge che la capacità creativa del viaggio, l'arricchimento nascono, paradossalmente, da una perdita, da una sofferenza.

Lo vediamo con chiarezza nei viaggi mitici di Ulisse o di Gilgamesh. Ulisse è costretto a errare, perde il bottino, i compagni, diventa «nessuno». Gilgamesh, chiamato dal dio, lascia la sua reggia, giunge sino ai confini del mondo, ma non può riportarne né l'immortalità né la giovinezza. Nel Medioevo il cavaliere errante lascia la corte e si addentra da solo nelle foreste misteriose dove lo attendono mostri e giganti, sofferenza e paura. Per produrre valore, crescita, il viaggio richiede un radicale distacco da ogni cosa rassicurante, dalla propria casa, dalla certezza delle relazioni note, quotidiane. Richiede di perdere la propria identità sociale, di smarrirsi, diventando «nessuno», e poi ritrovarsi, rinascere diverso, migliore. Il viaggio, nella nostra tradizione, è quindi una ricerca della propria identità più vera lasciando quella superficiale, inautentica. Una purificazione dei propri vizi, dell'orgoglio, delle debolezze, dei pregiudizi, per arrivare ai valori profondi e conoscere il mondo con oggettività.

I viaggi organizzati, le vacanze della nostra epoca sono molto lontani da questo ideale. C'è lo spostamento fisico, ma il rischio, il disagio, il contatto con la diversità e lo sradicamento vengono ridotti al minimo. Nei villaggi vacanze la gente finisce per trovare la sua civiltà, i suoi comfort. La scoperta diventa visita guidata, la competizione sport.

Il significato ideale del viaggio oggi si realizza in altri modi. Uno è emigrare, andare a lavorare lontano. Gli extracomunitari, i dirigenti delle multinazionali che vengono da noi, i nostri lavoratori che vengono inviati dalle loro imprese in tutti i paesi del mondo, sono costretti a sradicarsi dalle proprie abitudini, ad imparare la lingua degli altri, ad inventare nuovi rapporti con loro. Nei prossimi anni, con la caduta delle barriere doganali, l'edificazione della nuova Europa sarà affidata a coloro che avranno il coraggio di affrontare questa prova.

Ma c'è un altro tipo di viaggio, quello compiuto non solo nello spazio, ma anche nella conoscenza. Sto pensando agli studiosi, ai managers che vanno a compiere un lungo periodo di studio all'estero, in una importante università. Lasciano i loro privilegi, il loro status, la loro sicurezza per ritornare sui banchi come quando erano bambini. Anche questo è un esercizio di purificazione e di umiltà. L'occasione non solo per apprendere, ma per ripensare, per guardare tutto di nuovo a distanza, sottratti alla propria presunzione.

È strano, ma la vera efficacia del viaggio non dipende dalla diversità che incontriamo, ma dall'estraniazione dal nostro io abituale. Ciò che conta non è tanto vedere cose nuove, quanto riuscire ad imparare a vedere con occhio diverso ogni cosa.

E per arrivare a tanto bisogna diventare di nuovo bambini, dimenticare il nostro io ipertrofico, goloso di riconoscimenti sociali. Il momento più vero del viaggio è perciò, paradossalmente, la solitudine.

La grandezza degli artisti dipende dalla grandezza dei loro mecenati. Michelangelo era uno scultore. È stato il papa a chiedergli di diventare pittore invitandolo ad affrescare la cappella Sistina. Il papa ha intuito le doti che lui non sapeva di possedere e gli ha lanciato una sfida, lo ha stimolato a superarsi.

Nelle epoche creative, e in quei luoghi in cui si concentra, miracolosamente, la creatività di un'epoca, tutti chiedono a se stessi, e agli altri, di superare i propri limiti. Di fare quanto, in base al noto e all'accertato, è straordinario, o addirittura impossibile. Qualcosa che va contro il buonsenso, l'abituale, il normale. Qualcosa di eccessivo. Al punto che coloro che si trovano all'esterno del processo creativo restano perplessi. Hanno l'impressione della megalomania.

I papi che hanno concepito San Pietro volevano una chiesa che non fosse confrontabile con nessun'altra chiesa al mondo. Alta come le piramidi, ma cento volte più bella, cento volte più complessa e difficile da costruire. E, anche questa volta, la richiesta ha agito su Michelangelo come una sfida. Doveva risolvere problemi di ingegneria, problemi tecnici e organizzativi completamente nuovi. Sono questi problemi, però, che hanno stimolato la sua creatività. Ciò che chiamiamo genio è la soluzione di questi problemi.

Nelle epoche creative e nelle aree in cui si concentra la creatività, gli uomini si pongono problemi che superano le loro attuali capacità. Risolvendoli, ne escono arricchiti. Si produce, ogni volta, un surplus, un saldo attivo.

In queste situazioni, ciascuno si applica, si prodiga, si pone in competizione con se stesso e con gli altri. Non è limitato da ciò che si sa e da ciò che si è fatto. Lanciate verso il possibile, le capacità crescono in modo proporzionale alla meta che è stata posta.

Il nostro secolo è stato dominato dalla creatività americana. Quasi tutti i beni di consumo sono stati inventati o prodotti in massa negli Stati Uniti. Gli imprenditori hanno cercato di interpretare le fantasie e i desideri profondi del pubblico. In Europa no. In Europa le élites temevano il cambiamento. L'idea di Ford di dare una automobile a tutti i lavoratori era considerata ad un tempo folle e pericolosa.

Per molto tempo le grandi innovazioni sono state considerate delle «americanate», infantilismi. Come l'idea di Walt Disney di realizzare la favola di *Biancaneve e i sette nani* a cartoni animati, facendovi lavorare squadre di disegnatori per anni, con investimenti colossali. Uno spreco, dal punto di vista degli intellettuali, dei politici e degli economisti europei. Lo stesso atteggiamento di derisione gli europei lo hanno avuto quando Hollywood inizia a produrre i kolossal, quando costruisce i suoi divi. Hollywood viene chiamato da noi, con una punta di disprezzo, «la fabbrica dei sogni». I divi, poiché erano personaggi dei sogni, dovevano vivere anche fuori della scena in modo favoloso e mitologico. Era la stessa casa di produzione che se ne occupava. Creava per loro l'abbigliamento, la casa, la macchina, gli amori appropriati. Tutto doveva essere favoloso ed esemplare. Tutto diventava modello d'identificazione per il pubblico.

È da qui che scaturiscono i modelli di consumo che, poi, poco alla volta, sono diventati di massa.

Gli americani hanno considerato il sogno una risorsa. C'è uno slogan americano che dice: «Sognalo, lo realizzerai». Noi, in Europa, non ci siamo accorti che questo posto centrale assegnato al sogno era il segno inconfondibile, il marchio dell'epoca creativa.

Quando la creatività abbandona un'epoca, un popolo, un'impresa, ce ne accorgiamo subito vedendo che diminuisce la fiducia che gli esseri umani hanno in loro stessi e negli altri. La fiducia che hanno nei loro sogni e nelle loro possibilità. Subentra un atteggiamento prudente, diffidente, sospettoso, avaro. Ciascuno dà il meno possibile e si aspetta altrettanto poco dagli altri. Non concepisce grandi progetti, non ci crede, deride chi li fa.

Al posto dell'imprenditore, dell'uomo creativo, subentra il burocrate sospettoso, scettico. Gli intellettuali osteggiano le novità e rimpiangono le epoche passate dove la gente era più onesta, più semplice e c'era meno spreco.

Anche la creatività italiana vive sempre sotto la minaccia di questo pessimismo paralizzante. Negli anni Cinquanta, legioni di intellettuali si sono opposti alla costruzione delle autostrade. Negli anni Sessanta, si sono opposti alla televisione a colori, La Malfa ed altri ne hanno ritardato la realizzazione perché la consideravano uno spreco. Alla fine il nostro cinema è crollato quando i suoi protagonisti hanno smesso di produrre sogni che potevano essere sognati in tutto il mondo.

DISORDINE E CREATIVITÀ

Vi sono delle persone estremamente intelligenti, brillanti, capaci e da cui ci aspettiamo che ottengano risultati straordinari. Però non è così. Ottengono buoni risultati, hanno successo. Ma entro una istituzione stabilita, seguendo vie note. Non sono loro a creare nuove forme, ad inventare nuove strade. Vi sono invece altri, che sembrano meno intelligenti, meno brillanti, meno preparati, eppure riescono a fare cose realmente straordinarie.

Questa esperienza è alla base del detto che chi è primo nella scuola non sarà primo nella vita. Cosa che non è affatto vera perché, in realtà, il successo scolastico è correlato con il successo professionale. Diciamo piuttosto che queste due forme di intelligenza si vedono già a scuola. La prima è sistematica, riesce bene in tutto. Dà ciò che la scuola richiede, è conformista. La seconda, invece, ha in sé un elemento di inquietudine. Dà sempre troppo o troppo poco. Il ragazzo non seguirà mai perfettamente il ritmo dei professori perché ha un suo ritmo interno. Ha dei ritardi incomprensibili e, poi, delle sconcertanti accelerazioni.

Questo dipende dal fatto che il processo creativo è, per sua natura, discontinuo. La creatività è sempre distruzione di un ordine preesistente e costruzione di un ordine nuovo.

Eppure la creatività, dapprima, ha bisogno di aderire, di credere, di prendere sul serio. La persona profondamente creativa non è quasi mai un dubbioso, uno scettico, un critico, un dogmatico. È attento, disponibile, addirittura ingenuo. Poi, dentro di sé, scopre le dissonanze, le contraddizioni. Ha l'impressione di non capire, ha dei dubbi. Allora ritorna sull'argomento, ci ripensa, gli vengono in mente altre possibilità. In questa fase sembra apatico, assorto, ottuso. Poi, improvvisamente, trova la soluzione.

La persona creativa, nella sua vita, incontra delusioni, dubbi, incertezze, disordine. La persona molto metodica, che si muove lungo una direzione prestabilita, che vuol sapere da dove parte e dove arriva, non sopporta questa incertezza. Vuol avere tutti i fattori sotto controllo senza lasciar spazio al caso, al rischio, all'imponderabile. L'artista si atterrà a dei moduli consacrati. Il giornalista cercherà di dire quello che il pubblico si aspetta. Lo studioso accademico si preoccuperà di non irritare e di non aver critiche dai colleghi. Una volta stabilito il programma, lo seguirà anche se avrà l'impressione che le circostanze esterne siano mutate. Tutto deve essere in ordine ogni momento.

Invece la creatività richiede di accettare in se stessi il disordine. La persona creativa, mentre sta scrivendo un libro, può avere l'idea buona e scriverne un altro, tutto diverso. L'imprenditore creativo, se si accorge che è nata una nuova opportunità di mercato, rifà tutti i calcoli e, se necessario, muta i suoi piani. Questo non vuol dire che manca di tenacia. Anzi, sarà tenacissimo, ma non ubbidirà mai soltanto ad una abitudine. Non farà mai una cosa soltanto per rispettare una decisione presa.

La creatività richiede anche coraggio perché è legata al rischio. Rischio vuol dire pericolo reale. Pericolo di sbagliare, di non trovare la strada. Vuol dire che il risultato è veramente incerto, che può finir male. L'imprenditore creativo rischia veramente la sua fortuna. Per questo si impegna totalmente per risolvere gli infiniti problemi che continuamente sorgono. Dà fondo a tutte le sue risorse morali ed intellettuali.

La chiave della creatività è la contemporanea presenza di una fortissima tendenza all'ordine e la capacità di affrontare il disordine per dominarlo, per ricostruire un ordine più alto. E sta qui la differenza con il falso creativo, con la persona che è semplicemente brillante, disordinata e superficiale. Questa si può riconoscere dal fatto che non riesce mai a capire profondamente un ordine, ad accettarlo fino in fondo. La persona creativa va in profondità ed è andando in profondità che trova le contraddizioni, le insufficienze.

La persona superficiale, invece, viene continuamente distratta. Prende sul serio tutte le nuove mode. Imita chi ha successo, adopera i luoghi comuni, ripete le opinioni degli altri. Cambia continuamente, ma il cambiamento non viene dal suo interno.

La persona disordinata è una parodia della creatività. La creatività fa emergere l'ordine dal disordine. Tende all'insieme, all'armonia, alla sintesi. La persona disordinata sogna la sintesi, ma si perde nei dettagli, smarrisce continuamente la strada. È indaffarata e non fa nulla.

Un altro tipo di pseudo-creativo è il critico critico. Quello per cui non va mai bene niente. Che denuncia stigmatizza, demistifica, demolisce. È contento solo quando scopre un difetto, svela un misfatto, dimostra una incoerenza. Anche costui non sa costruire. Sminuzza, riduce in frammenti. E non rischia nulla perché lo fa sull'opera degli altri. Non si mette in gioco.

IL NUOVO

Nell'autunno del 1967, all'Università Cattolica di Milano, ci fu una agitazione un po' diversa da quelle che si succedevano ormai da anni. Accanto agli studenti «serali» si erano mossi anche i diurni. Alcuni assistenti avevano iniziato lo sciopero della fame in un clima esaltato dal canto degli *spirituals*. Ben pochi colsero questa diversità. Ben pochi capirono che era l'inizio del grande movimento studentesco che avrebbe incendiato tutto il paese. Alla metà degli anni Settanta l'economia italiana sembrava in ginocchio, il sistema politico in balia delle Brigate Rosse, il marxismo invincibile. Invece era già incominciato il collasso planetario del marxismo. Per capirlo bisognava saper leggere alcuni segnali deboli. In particolare questo: in Iran c'era stata una rivoluzione che, per la prima volta in cinquant'anni, non era stata egemonizzata dai marxisti, ma dall'Islam. Nel 1991 all'apogeo del potere di Craxi ed Andreotti, Segni promette un referendum su un argomento apparentemente secondario, ma che suscita il consenso popolare.

Il nuovo, il grande cambiamento sociale, non si presenta mai, all'inizio, in modo vistoso, riconosciuto da tutti. Ma in forma subdola, quasi una bizzarria, una stranezza. Tanto che la maggioranza della gente, e perfino degli esperti, non lo vede e, se lo vede, non vi dà peso. Il nuovo è sempre l'inatteso, l'improbabile. Se andate in giro a domandare a un milione di persone che cosa c'è di nuovo, esse vi parleranno di quanto hanno sotto gli occhi, di quanto leggono sui giornali, di quanto discutono. E, in questo modo, non vi indicano il nuovo, ma il vecchio. E, più persone interrogate, più cercate il loro minimo comun denominatore, quello su cui tutti sono d'accordo, più trovate solo i pregiudizi, le loro chiacchiere, cioè il passato.

Come si fa, allora, a cercare il nuovo, a coglierlo nel suo primo timido affacciarsi? È un problema che abbiamo tutti, ma che hanno soprattutto le imprese che devono capire le nuove tendenze del consumatore, della concorrenza, le trasformazioni del mercato.

L'esperienza ha mostrato che si devono seguire due strade. La prima è quella di consultare numerosi specialisti, ciascuno per il suo campo, e poi vedere che tipo di insieme ne risulta. Buona parte della trasformazione sociale, infatti, è la conseguenza di scoperte scientifiche, innovazioni tecniche. Alcune di queste sono ben note agli specialisti. In alcuni paesi, anzi, sono già state adottate. Conoscendo molto bene che cosa hanno fatto i paesi più progrediti e le imprese più progredite, possiamo capire che cosa succederà nel resto del mondo e qui da noi.

Una delle più grandi fonti di errore nelle previsioni del futuro è quella di immaginare che per noi valgano regole diverse da quelle degli altri. La nostra capacità inventiva è sempre estremamente limitata.

Noi, quasi sempre, ci limitiamo ad imitare, ad adottare ciò che hanno fatto gli altri. Se abbiamo l'umiltà di guardare cosa succede là dove c'è più progresso tecnico e più efficienza, intravvediamo il nostro futuro.

Il secondo accorgimento riguarda più noi stessi. Siamo noi, infatti, che non vogliamo vedere il nuovo. Perché siamo dei conservatori e non vogliamo mettere in discussione gli schemi con cui comprendiamo, classifichiamo il mondo. E il nuovo è appunto qualcosa che urta contro questi schemi. Il nuovo non è semplicemente l'imprevisto, ha anche una natura irridente, bizzarra, folle. Il nuovo è inquietante, fuori squadra, sublime o osceno.

È così che noi percepiamo il nuovo: come qualcosa che ci turba, che ci produce disagio, irritazione, talvolta un'ombra di angoscia, altre volte vergogna. Sono questi gli ostacoli, le barriere che ci impediscono di conoscere. Ostacoli interni, emozionali. Ma questi stessi sentimenti ci possono fare da guida per scoprirlo. Noi dobbiamo imparare ad ascoltarci, a ricordare le nostre reazioni. Quando ci rendiamo conto che qualcosa ci turba o ci inquieta, che qualcosa ci appare fuori squadra, o esagerato, è allora che dobbiamo osservarlo con più attenzione. È quello il segnale debole che cercavamo.

L'INNOVATORE

Vi sono dei momenti nella vita in cui noi imboc-
chiamo una strada nuova, inesplorata. Ci succede
quando, terminati gli studi, cerchiamo un lavoro,
quando decidiamo di lasciare il nostro paese per andare in una grande città. Quando lasciamo un impiego
sicuro per una attività imprenditoriale, quando ci in-
namoriamo ed andiamo a vivere con un'altra persona.
Ma anche quando decidiamo di seguire la nostra vocazione politica, religiosa, o artistica.

In tutti questi casi siamo costretti ad abbandonare
il nostro mondo consueto, tranquillo, prevedibile, e ci
troviamo scaraventati in un territorio pieno di insidie
dove navighiamo a vista e non sappiamo se andrà
bene o andrà male. E più importante è la posta in
gioco, più rischiosa ed incerta diventa l'impresa. Allora dobbiamo impegnare tutte le nostre energie intellettuali ed emotive.

Guai un attimo di disattenzione! Guai un attimo
di rilassamento! A volte ci sembra addirittura che le
difficoltà crescano più ci avviciniamo alla meta. E la
cosa più impressionante è che, mentre metà delle difficoltà ci provengono dal mondo esterno, l'altra metà

166

ci viene dal senso di abbandono, dall'incomprensione di coloro che dovrebbero stare dalla nostra parte, al nostro fianco.

In questi momenti difficili, cruciali, in questa lotta in un terreno sconosciuto, infatti, quasi sempre siamo soli. Anche le persone vicine, i genitori, i figli, il marito o la moglie, gli amici più intimi, i parenti, restano sconcertati, si tirano da parte, stanno a guardare. Spesso sono diffidenti, sospettosi, ci criticano o non ci difendono dagli attacchi che subiamo.

Perché? Perché siamo usciti dal gruppo, ci siamo staccati da loro. Il gruppo, l'insieme dei familiari, dei parenti, degli amici, è un tutto organico, in cui ciascuno ha una identità definita. E le diverse identità si combinano a costituire un mosaico. Adesso noi cambiamo ruolo, ci separiamo, non giochiamo più la nostra parte abituale, scompaginiamo il mosaico. Disturbiamo l'immagine che hanno di se stessi, turbiamo la loro serenità.

Il singolo individuo, separato dagli altri è disposto a capirci. Ma quando torna a parlare con loro cambia idea, si fa contagiare dalla reazione del gruppo. Lo lasciamo entusiasta e lo reincontriamo freddo. Per provocare sconcerto basta poco. Provate a cambiarvi pettinatura, a farvi crescere la barba o a tingervi i capelli di rosso. Provate a dire loro che avete deciso di fare il pittore o di studiare canto.

Ben più grave è la reazione quando volete diventare diversi, quando volete scegliere una strada nuova. Allora, anche se nessuno lo dice esplicitamente, il gruppo vi rifiuta. Di colpo siete soli. Percepite nei loro occhi la critica, la diffidenza. Alcuni vi consigliano in modo inquisitorio per vedere se qualcuno vi ha plagiato o se siete sani di mente. Di un uomo dicono che ha perso la testa, di una donna che è una poco di buono.

Così dovete arrampicarvi da soli e la gente che dovrebbe esservi più vicina ostentatamente non si accorge della vostra fatica, della vostra angoscia. Non vi dà una mano, anzi, di solito, vi butta addosso i suoi problemi e si irrita perché non vi prodigate per loro. È più facile che l'aiuto arrivi da uno sconosciuto, da un soccorritore esterno.

Se il tentativo di innovazione finisce male, i critici esultano perché avevano ragione. Però, di solito, l'innovatore vince. Perché si batte selvaggiamente, perché ce la mette tutta. E allora, dopo la vittoria, il gruppo ritorna festante per appropriarsi di lui e del suo successo. Arrivano anche i parenti più lontani, i compaesani e tutti dicono di aver capito. «Ti ricordi? Ti ricordi?» gli mormorano, reinventando il passato. E l'innovatore, che ha tanto sofferto della solitudine, adesso si consola con questa menzogna collettiva.

L'UMILTÀ

Per riuscire in una difficile impresa occorrono una formidabile motivazione ed una straordinaria tenacia. Perché occorre tener ferma l'attenzione sulla meta per mesi o per anni, senza debolezze, senza riposo, continuamente attenti, vigilanti. La gente che guarda le cose dall'esterno, ha l'impressione che sia stato tutto facile. Invece niente è facile. Non è facile, per un ragazzo, essere ogni volta promosso con dei bei voti. Non è facile laurearsi perché gli esami sono sempre oscuri, difficili.

Per riuscire, perciò, noi dobbiamo farci assorbire dalla meta, prodigarci, spenderci, metterci in gioco. Sì, metterci in gioco, perché se siamo sempre pronti a rinunciare, a tirarci indietro con una scrollata di spalle, non avremo mai la tenacia e la vigilanza necessarie per riuscire. E in un sistema come il nostro, competitivo, dobbiamo confrontarci con gli altri, dobbiamo voler vincere. E quindi rischiare, ogni volta, la sconfitta.

Nelle società primitive gli uomini erano cacciatori e guerrieri. Mettevano continuamente in gioco la loro vita. Oggi la competizione non è più cruenta, ma resta il tessuto profondo dell'economia, della politica, perfino dell'arte e della cultura. E in questa competizione noi tutti aspettiamo l'applauso, l'ammirazione degli altri, il «riconoscimento» della nostra superiorità.

Eppure, ammessi questi fatti, queste leggi a cui non possiamo sottrarci, dobbiamo poi dire che, se ci lasciamo andare, assorbire completamente da esse, perdiamo il nostro equilibrio mentale. Perché non c'è nulla di più folle e di terribile che far dipendere il nostro valore, l'idea che abbiamo di noi stessi, dal successo, dall'applauso degli altri. Perché vi sono sempre mille fattori che non controlliamo, perché siamo in balìa del caso, della fortuna, della sfortuna. Un grandissimo numero di scienziati e di artisti ha avuto i riconoscimenti dopo la morte. Quanti grandi personaggi sono stati rovinati dagli intrighi, dai complotti di persone infinitamente inferiori a loro!

Quindi noi tutti, mentre dobbiamo batterci e impegnarci a fondo per fare le cose bene, alla perfezione, dobbiamo avere nel fondo del nostro animo una riserva, una capacità di distacco. Sapere che può andar male, che possiamo non riuscire o che il merito non verrà riconosciuto. Anzi, darlo per scontato. Il guerriero, anche il più grande dei guerrieri, che affrontava un duello doveva sapere che quella poteva essere la sua ultima prova, che poteva morire. Anzi che ci sarebbe stato senz'altro un momento in cui sarebbe morto. Achille sapeva che sarebbe morto giovane.

Questa accettazione del limite, del fallimento, è l'umiltà. La consapevolezza che tutto quello che si fa è precario e deve essere precario. Che il valore sta proprio nel farlo anche se è precario, anche se il risultato sarà un insuccesso, anche se verrai trattato ingiustamente. La grande forza dei greci fu la ricerca dell'*areté*, della perfezione, non del successo. La grande forza degli ebrei fu di realizzare la volontà di Dio e il resto, la ricchezza, sarebbe stata data in sovrappiù. E per Lutero perfino la salvezza, perfino il paradiso, doveva essere qualcosa in sovrappiù che Dio dà o non dà indipendentemente dai meriti che noi uomini pensiamo di avere.

Spesso noi diciamo che i fondamenti della morale, nel mondo moderno, sono completamente cambiati. O che non c'è più alcuna morale. Che sciocchezze. Nessuno di noi può dipendere soltanto dall'opinione, dai giudizi, dal chiasso degli altri. Ed è solo a livello della moralità che può trovare il suo fondamento. Colpiti dal fallimento, dall'ingiustizia, dal dolore, basta che noi facciamo un atto moralmente ispirato e siamo salvi.

L'ISPIRAZIONE

È più importante l'ispirazione, la spinta interiore, o l'applicazione metodica, volonterosa, sistematica? Mi ha scritto un americano per chiedermi di fargli l'introduzione a un suo manuale che insegna a diventare oratori. Dice che il libro è tradotto in quaranta lingue ed ha compiuto miracoli. Probabilmente è vero. Imparando una tecnica, tutti possono diventare oratori, scultori, pittori, scrittori, musicisti. Ma a che livello? Io sono convinto che, anche applicandomi fin da bambino, sarei sempre stato un pessimo musicista.

L'applicazione tenace, anno dopo anno, fa risvegliare, fa fruttificare molte capacità latenti che non utilizziamo. Noi siamo certo più plastici di quanto, per pigrizia, per abitudine, non siamo disposti ad ammettere. In caso di drammatica necessità, ci svegliamo e diventiamo capaci di compiere cose straordinarie. Ma perché queste circostanze fanno scaturire nuove energie, creano una formidabile motivazione.

Siamo così tornati al punto di partenza. La volontà, l'applicazione, il metodo diventano fondamentali solo se c'è stata, prima, la motivazione, l'intuizione, la rivelazione, l'ispirazione.

Ma è possibile darsi l'ispirazione da soli, con la forza della volontà e con la tenace applicazione? È una domanda che gli esseri umani si sono sempre posta in termini diversi a seconda dei problemi dominanti nella loro epoca. Per secoli i cristiani se la sono posta in questo modo: «È possibile raggiungere la fede, la santità, con la volontà, con esercizi spirituali o è assolutamente necessaria l'ispirazione divina, la sua grazia?». I gesuiti sostenevano la prima soluzione. I protestanti, Lutero, Calvino, la seconda.

Dietro questi due atteggiamenti ci sono due diversi scopi. I gesuiti volevano conquistare, riconquistare alla fede gli smarriti. Essi si consideravano un esercito, una milizia. Con inflessibili esercizi, dovevano imparare a marciare verso la meta come un commando perfettamente addestrato. I protestanti, invece, andavano alla ricerca di Dio, si sforzavano di ascoltarlo. Dovevano aprire la loro mente e il loro cuore e aspettare che fosse Lui a parlare. Erano sempre timorosi di perderlo, non sapevano se erano salvi o dannati.

Io credo che questa differenza di atteggiamento si presenti ancor oggi. L'americano di cui dicevo, quello che ha scritto gli *Esercizi per diventare un oratore*, continua la tradizione dei gesuiti. Poniti una meta, la meta che vuoi e poi insisti con tenacia, con metodo, la raggiungerai. Forse è proprio questa l'essenza della cultura statunitense. Non spaccarti la testa con domande, scegli! E poi metodo, metodo, metodo!

Semmai c'è da domandarsi perché proprio gli americani, massimi eredi della cultura calvinista, abbiano finito per adottare il modo di pensare dei gesuiti. Forse perché è quello che meglio si adatta all'impresa capitalistica. L'impresa è una organizzazione che deve raggiungere la sua meta senza dipendere dal capriccio e dagli umori dei suoi membri. Deve porsi obiettivi, tenerli fissi e realizzarli con procedure razionali.

La cultura americana ha poi trasferito all'individuo le categorie dell'impresa, l'ha invitato a trattare se stesso come se fosse una impresa. «Amministra bene i tuoi sentimenti, costruisciti una immagine, venditi bene.» Di qui le migliaia di libri su come governare se stessi e gli altri.

Ma cosa serve tutto questo quando uno deve cercare la sua strada, il suo fine, la sua vera vocazione? In questo caso più si sforza di agire, più insiste con la volontà, più si allontana dalla meta. Vi sono dei periodi nella vita in cui noi dobbiamo aprirci umilmente all'attesa. Dimenticare ciò che siamo, ciò che sappiamo e ascoltarci sperando che ci si riveli la nostra più vera natura.

Dobbiamo lasciarci sprofondare nel dubbio, fino a sentire che non valiamo niente. Allora, senza alcun merito da parte nostra, in quel vuoto e in quel silenzio, risuona la voce sommessa della nostra vocazione e ci indica una strada inconsueta. Fortunati coloro a cui l'ispirazione parla forte e fortunati coloro che possono afferrarla e seguirla.

PROFONDITÀ

In questi giorni devo decidere il programma del corso di sociologia per il prossimo anno e mi ritrovo davanti a un vecchio problema. Che cosa devono sapere gli studenti per avere una preparazione di base? I concetti fondamentali della disciplina, qualcosa sul pensiero dei classici e i rudimenti dei metodi di ricerca. Per questo dovrebbero bastare un buon manuale e una storia del pensiero sociologico. Ma è la strada giusta da seguire? Con questo programma gli studenti agli esami sanno tutto bene, gli autori, le teorie, le scoperte recenti, ma è come se ne avessero perso l'essenza, l'anima.

Le grandi teorie sociologiche, come quelle psicologiche o filosofiche, sono dei mondi spirituali, sterminati edifici in cui si è oggettivata l'intelligenza, la fantasia, la passione di un genio, lo spirito di un'epoca. Per capirli bisogna leggere direttamente l'opera originale, penetrare il linguaggio di quell'autore, con dedizione, con pazienza. Ed allora, ad un certo punto, riusciamo ad osservare il mondo con la sua stessa mente, a vedere la vita come l'ha vista lui, con la stessa profondità, con le stesse vibranti emozioni. Ci si rivelano rapporti a cui non avremmo mai pensato, significati che avevamo sotto gli occhi e che ci sarebbero sempre sfuggiti. La nostra mente si dilata, i nostri sensi si acuiscono.

Bisogna perciò avvicinarsi a queste grandi opere teoriche come alle grandi opere d'arte, alla *Divina Commedia*, ai drammi di Shakespeare. Non si può sostituire questa esperienza personale difficile, commovente, con la paginetta del manuale, con il riassunto. Nel riassunto della *Divina Commedia*, del pensiero di Nietzsche, di Heidegger, o di Freud, le idee più sublimi diventano sciatte. È come canticchiare una sinfonia di Beethoven e pretendere che l'altro capisca.

Non sto dicendo che non occorra l'informazione. Gli studenti devono conoscere gli autori, avere un'idea del loro pensiero. Ma l'informazione è solo il punto di partenza per arrivare ad una vera conoscenza. E la stessa considerazione vale esattamente nello stesso modo per tutti noi, nella nostra vita quotidiana. Noi leggiamo i giornali, i settimanali, ascoltiamo la televisione, i dibattiti, impariamo in questo modo moltissime cose utili, ci facciamo delle opinioni, diventiamo «bene informati». Eppure potremmo continuare così per vent'anni e non faremo un solo passo in avanti nella capacità di capire e di pensare. Bombardati da immagini, pensieri sconnessi, caotici, non sappiamo come ordinarli, siamo in loro balìa, in balìa di tutte le mode, di tutte le superstizioni, trascinati in tutte le direzioni come barchette di carta. Ma c'è una conseguenza più grave. L'uragano di stimoli indebolisce non solo la nostra capacità di pensare, ma anche quella di sentire, ci isterilisce, diventiamo ansiosi, abbiamo paura di un mondo diventato incomprensibile. E non basta, per salvarci, ascoltare un po' di musica, o fare dello sport, o viaggiare. Occorre imparare a dominare il caos, ad arginare le esperienze, ad ordinarle.

A questo serve la religione. Non come preghiera occasionale, ma come meditazione teologica e morale, immedesimazione nei grandi esempi di spiritualità e di dedizione. E a questo serve la lettura dei grandi maestri del pensiero. A ritrovare le proprie energie intellettuali ed emozionali nascoste, a risvegliare la propria capacità poetico-pensante, per fare la rotta.

Guardare fuori, osservare la realtà, è spesso duro, spiacevole. La realtà è incredibilmente complessa e imprevedibile. Per vivere dobbiamo costruirci degli schemi mentali, delle spiegazioni semplificate del mondo. Fa così anche lo scienziato. Dall'osservazione costruisce una teoria e questa l'aiuta ad orientarsi in mezzo ai fatti. Ma poi viene un giorno in cui i fatti non si adattano più allo schema, lo smentiscono. E allora deve abbandonare il suo approdo sicuro, tornare in mezzo all'incertezza, e non è piacevole.

Molti si difendono costruendo una barriera. Al suo riparo restano in contatto soltanto con ciò che non produce lacerazioni, dubbi, incertezza. È il caso degli amici che si riuniscono ogni sera in casa dell'uno o dell'altro, oppure al circolo o al bar. Qui conversano, chiacchierano anche a lungo. Ma lo scopo della conversazione non è conoscere il mondo attraverso le esperienze e il giudizio degli altri. Vogliono solo rassicurarsi che nulla è cambiato. Né loro, né il mondo, che tutto continua ad andare come di consueto.

Vi è invece chi, per non mettersi a rischio, evita i rapporti con le altre generazioni. E questo succede non solo agli anziani, ma anche ai giovani. Una volta ho passato una settimana in un villaggio vacanze isolato, in cui c'erano tre gruppi distinti di età, senza rapporti fra di loro: i cinquantenni, i trentenni e gli adolescenti. La monotonia era tale che erano tutti regrediti ad uno stadio vegetativo.

Anche noi otteniamo un risultato analogo cercando, nelle letture, al cinema e alla televisione, solo quello che ci piace, che ci diverte. Ma come, può obiettare qualcuno, adesso devo guardare le cose che non mi piacciono? Eppure se uno si limita a osservare solo i programmi che non lo disturbano, è come se restasse sempre solo con se stesso e i suoi amici. Non capisce quanto incredibilmente diversi da lui siano gli altri, il mondo.

Ogni differenza, ogni alienità, ci ferisce, ma ci costringe a capire, a pensare e ci arricchisce. Io non credo che noi dobbiamo rinunciare alle nostre sicurezze. Ma dobbiamo sempre avere chiara la consapevolezza che il mondo è infinitamente più ricco e mutevole della povera rappresentazione che ce ne facciamo. Se tutto ci sembra immutato è perché abbiamo perso i rapporti con la realtà.

In Unione Sovietica tutto restava identico. Andavi nello stesso ministero, nella stessa stanza, trovavi lo stesso funzionario, che ti diceva le stesse cose. Il sistema era riuscito ad escludere l'interferenza del mondo esterno.

Tutti i regimi totalitari ed autoritari cercano di ridurre al minimo il cambiamento. E, per riuscirci, attaccano il nemico, lo accusano di ogni iniquità. Le tensioni interne che portano al cambiamento vengono scaricate fuori, neutralizzate.

L'ultimo strumento con cui evitare il duro rapporto con la realtà è il potere. Ci sono persone che usano il loro potere per non sapere. Restano arroccati nella loro impresa, in rapporto solo con persone del loro ambiente, spesso dei portaborse o dei cortigiani. Quando percepiscono che il mondo cambia ed hanno paura, non vogliono più sentirsi contraddire né dagli uomini né dai fatti. È così che si sono rovinati i politici della prima repubblica. Restando fra di loro, e usando un linguaggio divenuto incomprensibile e vuoto.

INVIDIA E COMPETIZIONE

Noi italiani, in genere, abbiamo paura di apparire competitivi e ci vergogniamo di cercare il successo. I pedagogisti si sono sforzati di evitare, nella scuola, tutto ciò che può favorire il confronto, la comparazione. Ai voti sono stati sostituiti i giudizi. Non facciamo classifiche, non diamo premi. Durante gli anni Sessanta e Settanta, molti politici e molti intellettuali hanno criticato la meritocrazia, cioè il principio secondo cui i più meritevoli devono guadagnare di più e fare carriera. L'idea dominante era che tutti, qualunque cosa facessero, dovessero essere trattati nello stesso modo.

Gli americani, al contrario, ritengono che la competizione sia utile. Che la gente debba battersi per il successo e che chi fa meglio debba guadagnare di più e ricevere più onori. In compenso gli americani sono molto sensibili all'idea di equità. Bisogna dare a tutti la possibilità di competere e vengono apprezzati soprattutto coloro che sono riusciti a superare più ostacoli, più difficoltà. Ritengono che si debbano aiutare i più poveri, coloro che partono svantaggiati. Ma che nessuno si debba sottrarre alla concorrenza.

Una scelta come la nostra ha, indubbiamente, anche dei vantaggi. La vita scorre più tranquilla. Sono molti quelli che riescono a trovare una nicchia sicura in cui sopravvivere. Le relazioni personali, spesso, sono più serene. Però una società che teme la competizione, paradossalmente, è più insidiata dall'invidia. Sembra strano, ma è così.

L'invidia sorge dall'identificazione, dall'ammirazione. Noi non possiamo invidiare chi è troppo lontano da noi, troppo diverso, chi fa un'altra attività. L'invidia più feroce nasce fra colleghi, quando uno ha successo e l'altro no. L'attore invidia un altro attore, il giornalista un altro giornalista, lo scrittore un altro scrittore e il calciatore un altro calciatore. Le donne si invidiano fra di loro e gli uomini fanno altrettanto.

L'invidia sorge quando noi ci accorgiamo di venir superati da qualcuno che era al nostro stesso livello. L'invidia sorge quando non riusciamo ad emularlo, a competere con lui. In quel momento noi abbiamo di fronte due strade. O accettiamo il suo successo e ci uniamo al coro degli applausi, oppure incominciamo a desiderare il suo insuccesso, la sua rovina. Comprendiamo, adesso, perché una società che ammira il successo è meno propensa all'invidia. Perché stimola tanto l'emulazione quanto l'accettazione.

Nell'invidia, invece, noi rinunciamo ad agire, rinunciamo addirittura alla meta. Vogliamo soltanto che non l'abbia lui. L'invidia è un ripiegarsi su di noi stessi, unito al desiderio di distruggere chi, in cuor nostro, sappiamo che è meglio di noi.

L'invidioso, di fronte alle difficoltà della competizione, cerca di distruggere il suo ideale. Nel bellissimo film *Amadeus*, il compositore italiano Salieri sapeva che Mozart era un genio. Ma voleva ucciderlo proprio per questo. Per non doversi confrontare con lui.

In genere l'invidioso copre la sua invidia con la maschera della giustizia. Lo hanno descritto molto bene Nietzsche e Max Scheler. L'uomo del *risentimento* odia i belli, i forti, i vittoriosi. Inoltre si convince che quelle non sono virtù, ma vizi. Si convince che l'uomo veramente virtuoso è quello povero, debole, sofferente, quello che resta indietro, il vinto, cioè lui.

Nella cosiddetta morale del risentimento chi ha successo è sempre da condannare. Solo i miserabili, i poveri, gli afflitti hanno il cuore puro e sono i portatori della salvezza.

È chiaro che, in Italia, tanto il cattolicesimo, quanto il marxismo, hanno rafforzato questo tipo di convincimenti. Il risultato è che, spesso, da noi l'invidia diventa un vero e proprio ostacolo sociale. Vi sono giurie di premi letterari e cinematografici che premiano volutamente solo un autore di cui sono sicuri che non avrà successo di pubblico, le cui opere non andranno all'estero. E giustificano questa decisione mossa dall'invidia con ragioni artistiche.

Cose simili avvengono nei concorsi universitari, quando molti mediocri devono giudicare uno migliore di loro. Succede nelle imprese dove i dirigenti incapaci bloccano quello che ha capacità imprenditoriali ed innovative. Perfino nei giornali capita che un direttore se la prenda con un giornalista che può diventare più famoso di lui.

L'invidia è un sentimento universale. Però i paesi di più antica tradizione capitalistica hanno cercato di neutralizzarla valorizzando la concorrenza, la competizione, riconoscendo il merito, applaudendo al successo. In questi paesi la cultura impedisce all'individuo di chiudersi in se stesso e lo spinge ad agire, a fare meglio, a cercare altre strade, e ad ammirare chi è stato bravo.

Essere se stessi

IL BATTICUORE

In questi ultimi tempi mi è capitato di assistere a conferenze, ascoltare le domande del pubblico, le risposte dei conferenzieri e ho avuto la conferma che molte persone hanno paura dei propri sentimenti. Li considerano una specie di ingombro spiacevole, un fastidioso turbamento, uno squilibrio doloroso dell'esistenza. Vorrebbero un tono dell'umore costante, uniformemente sereno, omogeneizzato, senza dubbi, tristezze, ansie, senza batticuore, senza voglia di piangere, senza collera, senza rimpianti, senza sensi di colpa.

Non gli va di svegliarsi una mattina tristi senza motivo, sotto l'impressione di un presentimento. Non gli va, alla sera, di provare la nostalgia di un non so che immotivato. Si sentono violentati nel provare dolore per la morte di un amico, e considerano patologico pensare alla morte. Giudicano tutte queste esperienze «depressive».

Ma sono anche seccati di provare paura per un esame, o di scoprirsi a rimuginare, con insistenza, su uno sgarbo subito. Trovano stupido, irrazionale, sentire rimpianto per qualcosa che non hanno realizzato, o rimorso per una azione fatta magari dieci o vent'anni prima. E così, ogni volta, vorrebbero avere un antidepressivo, un tranquillante, o una pillola dell'oblio.

Io ho sempre pensato, invece, che i nostri sentimenti sono una parte essenziale della nostra natura, uno strumento indispensabile di conoscenza. Noi vediamo, sentiamo soltanto ciò che desideriamo, che amiamo, che temiamo. È così per ogni essere vivente. Il gabbiano vede il pesce che guizza nel mare perché ha fame, la chioccia vede il falco nel cielo perché lo teme, io vedo mio figlio che gioca sulla riva perché lo amo.

L'intelligenza umana ha una straordinaria capacità di simbolizzazione, di manipolazione. Costruisce meravigliosi strumenti concettuali e materiali per i più diversi fini. Ma per mettersi in moto ha bisogno di mete, di motivazioni, di ideali, di speranze, di sogni.

Tutto ciò che gli uomini fanno di grande nasce solo se c'è una motivazione profonda, una passione. Fra i ragazzi che hanno più o meno la stessa costituzione fisica, le stesse capacità, quale riesce nello sport? Quello che ha la motivazione più forte. Lo vediamo nel pugilato. I campioni vengono dai bassifondi della società, dai ghetti, di cui materializzano la violenza e l'ansia di redenzione.

Ma anche nella scienza la scoperta viene solo quando il ricercatore è come affascinato dalla meta, assorbito in essa, non pensa ad altro. È come se scuotesse i cancelli del reale sforzandosi di guardare oltre. E allora, ad un certo punto, essi miracolosamente si aprono. Non potrebbero esserci arte, musica, poesia, se l'artista non accettasse di vivere fino in fondo le sue emozioni, anche dolorose, anche strazianti. Dante non avrebbe scritto la *Divina Commedia* e Shakespeare le sue opere se avessero avuto paura dei sentimenti oscuri.

Anche una grande impresa economica, sociale, o politica riesce solo se il leader è posseduto dalla sua meta, ne diventa lo strumento. Allora, quel fuoco interno gli ispira le parole, i gesti, l'esempio che trascina verso la stessa meta persone diversissime con idee, ambizioni, rancori incompatibili. L'essere vivente è fatto di vibrazioni, di tropismi, di fluttuazioni, di spasimi. Per questo è duttile, sopravvive, si adatta, crea. Noi, posti in alto sulla scala dell'evoluzione, lo siamo in misura più elevata, e dobbiamo accettarlo per realizzare la nostra missione.

LA CRISI

Ci sono dei periodi nella nostra vita in cui perdiamo l'abituale sicurezza. Ci sentiamo smarriti, disorientati. Avevamo delle idee chiare, delle certezze. Adesso siamo pieni di dubbi. Non sappiamo più se abbiamo fatto le scelte giuste. Alcuni risultati che ci riempivano di orgoglio, ora ci appaiono privi di valore. Ci vengono in mente tutte le altre strade, quelle che non abbiamo percorso, quelle che hanno seguito gli altri e scopriamo che forse erano meglio della nostra. Proviamo rimorso per chi abbiamo inutilmente fatto soffrire.

È un momento di crisi, di smarrimento, di disorientamento, di vuoto. Qualcuno può dirci che è un attacco di depressione o di nevrosi. Per farlo passare basta un periodo di vacanza, o un viaggio, o una breve cura. Ma è il caso di combatterlo, di sfuggirlo? Non è invece meglio accettarlo, viverlo, approfittare dell'insegnamento che ci sta dando?

Quando siamo impegnati in un compito non possiamo lasciarci afferrare dal dubbio, avvelenare dalle incertezze. Dobbiamo tener ben ferma la meta e occuparci solo dei mezzi per raggiungerla. Dobbiamo convincerci che siamo nel giusto e che possiamo riuscire. D'altra parte quando, seguendo un certo metodo, abbiamo avuto successo, ne facciamo tesoro e continuiamo sulla stessa strada. Se in un ristorante i clienti apprezzano particolarmente certi piatti, il cuoco continuerà a prepararli. Quando un pittore ha scoperto una modalità espressiva in cui si realizza e che piace ai critici, vi si abbandonerà con piacere. Lo scienziato che ha elaborato una teoria cercherà di applicarla a tutti i casi che incontra senza sentire il bisogno di cercarle una alternativa.

Col passare del tempo, però, quelle che prima erano modalità per esprimere noi stessi e la nuova creatività, a poco a poco finiscono per diventare abitudini, rituali. Il cuoco si abitua a fare gli stessi piatti in modo meccanico. Non sperimenta più nulla di nuovo. L'artista si ripete, imita se stesso. Lo scienziato applica la sua teoria a fenomeni nuovi e diversi che essa non può spiegare. Prima la sua teoria era uno strumento per conoscere, adesso gli nasconde la realtà. Tutto ciò che facciamo nasce come apertura sul mondo, braccia tese per andare incontro e accogliere. Ma questo movimento, ripetuto infinite volte, diventa un rituale vuoto. Non esprime più noi stessi, non ci collega più con la vita.

Ecco perché, periodicamente, abbiamo bisogno di una crisi. Qualche volta questa è la conseguenza di un insuccesso, di un brutale schiaffo che la realtà, troppo a lungo trascurata, dà alle nostre abitudini. Ma altre volte la crisi matura dentro di noi perché ci rendiamo conto di esserci sclerotizzati, irrigiditi, di essere come morti. Allora può arrivare al vertice del successo.

Molti autori sono rimasti insoddisfatti del loro capolavoro. Virgilio voleva addirittura distruggere l'*Eneide*.

Scatta in quel momento il bisogno di vedere il mondo da tutti gli altri punti di vista che noi abbiamo dovuto abbandonare per scegliere il nostro, di trascendere ciò che abbiamo fatto. È un bisogno di novità, di freschezza, di ricominciamento che per realizzarsi deve far piazza pulita di ciò che esiste delle strutture in cui ci siamo realizzati. La crisi è il momento iniziale, devastante, di un'opera di risanamento e di ricostruzione.

Nella vita psichica non c'è vero progresso senza queste discontinuità in cui riusciamo a mettere in discussione radicale noi stessi, ciò che abbiamo fatto, ciò che vogliamo.

Distruggendo i nostri possessi, le nostre certezze, creiamo il caos originario in cui tutto diventa nuovamente pensabile e possibile. Solo allora diventiamo nuovamente capaci di cambiare. Perché siamo diventati leggeri, ingenui e umili.

IL SOGNO

Che cosa è meglio, desiderare intensamente, sognare, fare progetti e cercare di realizzarli correndo il pericolo della frustrazione e dell'insuccesso, o accontentarsi, rinunciare? È meglio provare violente emozioni e quindi incontrare, accanto alla gioia, anche la disperazione, o diventare indifferenti e impassibili?

È meglio accettare la passione, puntare tutto su una persona, o chiuderci prudentemente in noi stessi? È meglio desiderare il bello, la perfezione, l'armonia e soffrire della bruttezza del mondo, o abituarsi, indurirsi, accettare la volgarità?

Gli individui, i popoli, le civiltà, le religioni, nella loro giovinezza scelgono la prima alternativa, quella del desiderio, della passione, del rischio. Gli eroi di Omero amano e odiano, gioiscono e si disperano, sono pronti alla lotta e alla morte. In seguito i filosofi, gli stoici, gli epicurei e gli scettici insegnano a rinunciare ai desideri e alle passioni. Il Cristianesimo delle origini aspetta fiducioso l'avvento del regno ed è pronto al martirio. Quello maturo diventa curiale e diplomatico.

Tutti i movimenti nel loro stato nascente sono

pieni di speranza ingenua, di slancio, di entusiasmo, di fede, poi a poco a poco diventano razionali e prudenti. Tutte le imprese al loro inizio sono fluide e avventurose, poi si irrigidiscono. Però, se vogliono sopravvivere e durare, devono trovare in sé la capacità di rinnovarsi, di ritornare giovani, di ricominciare.

Per questo motivo ho sempre sostenuto l'importanza del desiderio e della passione. Non perché siano un ideale in sé, ma perché costituiscono l'elemento dinamico della vita. Un individuo, che non è più capace di desiderare appassionatamente, non potrà più realizzare nulla. Una società che non riesce a sognare si irrigidisce nel ritualismo e decade. Ne deriva che il prezzo per una vita intensa, che mira alla perfezione, è sempre pericolo e dolore.

Questo pericolo e questo dolore sono tanto più grandi quanto più noi abbiamo realizzato qualcosa di quella perfezione, quanto più siamo arrivati vicini alla meta. Noi tutti diventiamo vulnerabilissimi quando stiamo per completare il nostro disegno, ma ci si para dinanzi un ostacolo insuperabile che distrugge il lavoro che abbiamo compiuto. Può essere una malattia, un incidente, un mutamento della congiuntura economica. Può essere la rivalità di un avversario, la sua invidia. Gli ultimi metri che ci separano dalla meta sono i più difficili. Quelli in cui occorre più forza d'animo. Le opere più grandi, più difficili possono essere distrutte da chi vale infinitamente meno di loro.

Tutto ciò che, proprio perché ha raggiunto un grado elevato di perfezione, diventa più vulnerabile di fronte alla volgarità. Ciononostante io continuo a credere che delle due alternative sia preferibile l'entusiasmo alla rinuncia, la fede al cinismo, la passione all'aridità. Che è meglio costruire la bellezza anche se i barbari la distruggono. Che questa è la strada e il prezzo della civiltà. E che non bisogna arrendersi mai, ma ricominciare, e combattere sempre.

Alzek Misheff mi ha raccontato una esperienza avuta da ragazzo. Per essere ammessi all'Accademia bisognava saper fare molto bene i ritratti. Lui si era preparato, aveva studiato a lungo con un maestro e sui libri, aveva imparato l'anatomia e come si disegna un occhio o la bocca. Ma un giorno, con stupore, si era accorto che involontariamente sovrapponeva questi schemi scolastici al volto che aveva davanti.

Per fare un vero ritratto doveva liberarsi di questi filtri, «essere sincero», guardare la realtà com'era, rispettare l'unicità del soggetto. Il cattivo ritrattista dipinge sempre ciò che ha già in mente. Tutti i suoi ritratti, perciò, si assomigliano. Il grande ritrattista, invece, coglie la specificità di ogni persona.

Noi viviamo di schemi, di abitudini, di sentito dire. Anche nella scienza, secondo Kuhn, gli scienziati si muovono all'interno di una concezione dominante che egli chiama «paradigma». Per esempio nel Medioevo nessuno discuteva la tesi che la Terra fosse al centro dell'Universo. Il paradigma è un principio esplicativo, ma anche uno schermo. Quando appaiono dei fatti che lo smentiscono, vengono messi da parte.

Il cambiamento avviene ad opera di persone che riescono a guardare il mondo dal di fuori del paradigma, strappandosi alle idee dominanti, prendendo distanza perfino da se stessi. Come un marziano che sia arrivato sulla Terra. O come un bambino. Brecht chiama questa esperienza «straniazione».

Per questo molte grandi scoperte sono state fatte da giovani, come Einstein o Marconi, abbastanza ignoranti, ma che non avevano gli ostacoli mentali dei loro maestri. Oppure da dilettanti che provenivano da un'altra disciplina. La statistica moderna è stata inventata da un genetista, Ronald Fisher, che sapeva poco la matematica.

Avviene lo stesso in politica. Le grandi trasformazioni della politica italiana sono state messe in moto da uomini che sono riusciti ad estraniarsi dalla logica politica dominante. Bossi è riuscito a capire cosa chiedevano le mille voci di protesta della gente del Nord perché le ha ascoltate senza il filtro, i paraocchi, gli slogan tipici dell'opposizione. Ha capito che tutti i partiti politici, nessuno escluso, per dominare e sfruttare la società, erano sostanzialmente d'accordo nell'accentrare tutto il potere e le risorse a Roma, dove poi se li dividevano. Per spezzare questo meccanismo parassitario bisognava perciò attaccare lo Stato accentrato. Ed ecco «Roma ladrona» e la proposta dello Stato federale.

Anche Segni, l'altro grande riformatore, per riuscire a trovare la soluzione, ha dovuto «straniarsi» dal modo di pensare corrente, dal suo partito, guardare il mondo con occhi nuovi, ingenui. Allora ha capito che la partitocrazia viveva troppo comodamente nei suoi privilegi per accettare qualsiasi proposta di riforma. Avrebbe rinviato all'infinito. Bisognava ricorrere al referendum abrogativo. Ma occorreva colpire il punto essenziale, quello su cui si reggeva tutto il sistema. E qual era l'elemento essenziale? Il voto sulle liste preparate dai partiti. Bisognava passare al voto uninominale di tipo anglosassone. Ridare potere al cittadino, farlo scegliere con la sua testa, con il suo giudizio.

In realtà ogni essere umano, se vuol conservare la sua indipendenza di giudizio, deve essere capace, perlomeno di quando in quando, di prendere distanza dalle sue abitudini e dai suoi pregiudizi. E allora vedrà verità che nessuno dice, e scoprirà cose a cui nessuno pensa.

L'APPARENZA INGANNA

Passando in piazza Duomo a Milano, talvolta ho potuto vedere alcuni hooligans tedeschi che, poco dopo, hanno provocato dei disordini. Lo si capiva che erano teppisti. Ne avevano l'aspetto, la divisa, il modo di camminare. Con i jeans stretti, le spalle e le braccia nude, i capelli incolti, una bottiglia in mano, lo sguardo spavaldo, davano un senso di paura. Io però mi sono domandato, per un momento, se non stessi esagerando, se non mi fossi fatto ingannare dall'apparenza. Sono dei pacifici ragazzi, mi sono detto, soltanto un po' diversi da noi.

Poco dopo, invece, esplodeva la violenza. I miei occhi non avevano sbagliato. Avevano percepito che la loro non era una semplice messa in scena, una recita, ma aggressività vera, pronta a tutto. Ci sono sempre dei ragazzi al sabato e alla domenica, al centro di Milano, che portano giubbotti pieni di borchie, che simulano l'aggressività. Ma poi i loro gesti delicati, i loro sguardi la smentiscono. Nel caso dei tedeschi no. La forma, l'aspetto esterno era il perfetto corrispondente del contenuto, della volontà di distruggere.

L'apparenza non inganna. O inganna un occhio

disattento, o inganna chi vuol lasciarsi ingannare. Come facevo io che li guardavo con occhio benevolo e tollerante.

Eppure c'è molta gente che la pensa diversamente. Un vecchio proverbio dice che l'abito non fa il monaco. Si parla continuamente di «immagine», di costruirsi una certa «immagine». Oppure pensiamo ai terroristi. Si vestivano in modo perbene, si mostravano gentili, addirittura delicati. Fingevano. Non sono tutti casi di dissociazione fra forma e contenuto? Non sono la prova che forma e contenuto non coincidono?

No. Ci dicono soltanto che il rapporto fra forma e contenuto può essere manipolato per un certo tempo e, comunque, solo in modo parziale. Il terrorista metteva in scena il suo essere perbene per qualche ora, finché era in pubblico. Come un attore che recita sul palcoscenico. Poi tornava ad essere se stesso in mezzo ai suoi compagni. E allora riprendeva i suoi vestiti, il suo linguaggio, la sua gestualità. Tornava ad essere quello che, in sostanza, era.

Ma anche prima, anche quando stava fingendo, una persona attenta avrebbe potuto scoprirlo. Frequentandolo, conversando a lungo con lui, discutendo, impegnandolo in un dibattito appassionato. Consapevole del pericolo di tradirsi, il terrorista evita i contatti, parla poco, si rifugia dietro un giornale.

L'attore sa benissimo quanto tempo ci vuole per imparare un semplice gesto. Per esempio come rappresentare in scena Riccardo III, zoppo e con la gobba, subdolo e aggressivo. Deve provare e riprovare davanti allo specchio, sotto l'occhio critico del regista.

Noi sappiamo d'istinto che forma e contenuto si corrispondono strettamente. Per giudicare il nostro dirigente ci limitiamo a notare se è vestito in modo elegante? Se entrando ci saluta con cordialità? Siamo molto più esigenti. Lo osserviamo ogni giorno, guardiamo come risolve i problemi, come affronta le difficoltà, come si comporta quando è teso, stanco. Proprio perché stanno molto tempo insieme negli uffici, i colleghi arrivano a conoscersi molto bene, forse più di quanto possa fare un familiare.

Molte madri restano sbalordite quando vengono a sapere che il proprio figlio ha commesso una cattiva azione. Rifiutano di ammetterlo. Perché pensano di conoscerlo intimamente. Mentre invece conoscono solo la sua messa in scena in casa: poche parole in fretta, un bacino e poi fuori.

Ma c'è un altro motivo. La madre non vuol vedere come è realmente, non vuol decifrare i piccoli segnali che pure le arrivano. Interpreta tutto in senso favorevole, minimizza. D'altra parte è quello che tendiamo a fare un po' tutti noi nelle nostre relazioni sociali. Noi ci accorgiamo quasi sempre del significato negativo, aggressivo dei gesti degli altri. Ma cerchiamo di ignorarli, per cortesia facciamo finta di niente.

Come ho fatto io con gli hooligans tedeschi. E, così facendo, spesso, sbagliamo.

LA PRIMA IMPRESSIONE

Incontrando una persona, talvolta entrando in un ambiente, noi abbiamo delle impressioni positive o negative. Impressioni immediate che consideriamo irrazionali perché vengono prima di ogni riflessione, di ogni reale conoscenza dell'altro. Queste impressioni sono, in genere, tanto più vive quanto più importante è quell'incontro. Di una persona presentata ad un party non ci facciamo, in genere, un giudizio preciso. Il party crea contatti fuggevoli, volutamente artificiali. Tutti recitano per tutti gli altri e, perciò, si presentano come maschere levigate e accuratamente dipinte. Quando, invece, abbiamo bisogno dell'altro, quando dobbiamo compiere un lavoro insieme, dare vita ad un'impresa in comune, allora siamo quasi sommersi da queste impressioni. E cerchiamo di difendercene per poter valutare «obiettivamente» l'altro, senza farci turbare dall'emotività, dai nostri pregiudizi.

Gli uomini, su questo punto, pretendono di essere più razionali delle donne, cercano di essere più obiettivi. E rimproverano le donne di abbandonarsi con troppa facilità alle impressioni di simpatia e di antipatia evocate, magari, da un particolare insignificante.

Gli uomini, soprattutto coloro che hanno responsabilità manageriale e di governo, affidano il loro giudizio al tempo, alle prove obiettive. Non accetterebbero mai di prendere una decisione sulla vita di un altro basandosi sul fatto che «ha un'aria troppo servile», «ha gli occhi falsi» oppure «mette a disagio con quel suo parlare monotono». Eppure, dopo anni, spesso anche il manager più razionale, il politico più accorto, pensando al primo incontro con una persona che li ha profondamente delusi, ricordano di aver percepito un chiaro avvertimento.

Gli psicologi tendono a spiegare questi ricordi come delle giustificazioni a posteriori. Poiché siamo delusi, la nostra mente cerca, in una sfumatura del comportamento passato di quella persona, il sintomo del suo comportamento futuro. Se tutto fosse andato bene quello stesso sintomo verrebbe interpretato in modo opposto.

Non c'è nulla, dicono, di più ingannatore della memoria. Noi ricordiamo solo ciò che serve o giustifica la nostra azione presente. Quando rompiamo con un amico, improvvisamente ci vengono in mente un numero incredibile di malvagità. Come due coniugi che divorziano. La vita passata sembra loro insopportabile ed infame. Perché ricordano solo gli eventi sgradevoli e dimenticano le gioie, la felicità provata insieme.

La memoria, però, non può trasformare il passato. Può ricordare o dimenticare, non può modificare il ricordo. Il negativo che gli amanti divisi scoprono nel passato c'era anche prima, lo avevano visto anche prima, ma lo avevano allontanato dalla loro mente per lasciare spazio all'amore e alla gioia. Soltanto la ragione può interpretare, dare un altro significato ai gesti. Soltanto la ragione può deformare, camuffare, mascherare, ingannare.

Noi tutti ci presentiamo alle altre persone con una maschera appropriata costruita dalla ragione. La nostra messa in scena è tanto più accurata e riuscita quanto più l'altra persona è importante e quanto più la conosciamo profondamente. Ed ecco allora il fatto paradossale. È molto più facile ingannare una persona quando la conosciamo da molto tempo che quando la incontriamo per la prima volta.

Nel primo incontro noi non siamo preparati. Non sappiamo nulla dell'altro. Cerchiamo di renderci graditi. Ma come fare? Mostrandoci spiritosi o riflessivi, divertenti o seri, timidi o sicuri? La gente, nel primo incontro, mette in scena un repertorio casuale usato altre volte e senza molta convinzione. Una ben fragile barriera, una mascherata inconsistente. Lo sguardo indagatore l'attraversa, intuisce aspetti di noi che abbiamo tenuto nascosti a tutti e che abbiamo perfino dimenticato.

Ogni essere umano è dotato della capacità di intuire immediatamente l'animo dell'altro. Noi vediamo l'interno degli altri esseri umani con la stessa chiarezza con cui vediamo i colori, con cui sentiamo i suoni. Quando non ci facciamo trarre in inganno dalla maschera, non possiamo sbagliare il significato di un gesto. Il sorriso è gioia, lo sguardo furtivo diffidenza, la grossolanità violenza, la disattenzione mancanza di interesse, il non capire ottusità, il dire sempre di sì debolezza. Il gesto che prende significa avidità, quello che trattiene avarizia, lo sguardo preoccupato gelosia, l'osservazione maligna invidia. Nel primo incontro tutto è trasparente come l'acqua. La prima impressione è una fotografia, fatta con una pellicola ultrasensibile, della parte più profonda dell'animo del nostro interlocutore.

Certo è difficile decifrarla. Noi siamo spinti dalla nostra ragione a scegliere un aspetto piuttosto che l'altro. Se ci interessa continuare la relazione annulliamo il ricordo delle sfumature inquietanti. Nello stesso tempo l'altro, che incomincia a conoscerci, ha incominciato anche a predisporre un comportamento costruito su misura per noi. Per esserci gradito, per darci gioia, o per trarci in inganno. Col tempo entrambi impariamo a recitare il nostro copione e spesso, se abbiamo un forte interesse a stare insieme, riusciamo a mettere da parte gli aspetti sgradevoli, i ricordi amari. In questo modo possiamo camminare anche a lungo fianco a fianco, e la prima impressione viene dimenticata.

Quando, però, scoppia una crisi, allora entrambi buttiamo via le maschere e gli accomodamenti. Ed allora, ecco che riemerge intatta l'antica immagine della prima impressione. Riemerge perché ora noi possiamo ricordarla. Ed è vero che l'altro è sempre stato così, che non è mai cambiato durante l'intervallo. L'esperienza di inganno che proviamo è comprensibile ma, spesso, esagerata. Noi siamo stati complici della dimenticanza.

PERCHÉ ESSERE BUONI?

Perché dobbiamo essere buoni, giusti, generosi, entusiasti, perché dobbiamo amare il nostro prossimo, spenderci, prodigarci? Ne ricaviamo qualche vantaggio? Ne veniamo ripagati?

L'unica risposta onesta è no. Non è affatto detto che i meriti vengano premiati, che i migliori ottengano i riconoscimenti meritati. I generosi vengono sfruttati dagli egoisti, gli onesti vengono derubati dai ladri, i miti vengono messi a tacere dagli intolleranti. Chi ha donato non riceve in cambio in modo proporzionale. Jenner, che ha eliminato il vaiolo dal mondo, è morto amareggiato. A Lavoisier, il padre della chimica moderna, i rivoluzionari francesi hanno tagliato la testa. Semmelweis, che ha salvato le donne dalla morte puerperale, è stato spinto alla pazzia.

Cose del passato? Ma via! In politica viene ammirato chi è sprezzante, alla televisione chi diverte, nei dibattiti chi riesce ad imporsi. Quando arriva qualcuno molto bravo, i mediocri, per invidia, lo fanno a pezzi. Quanto più lo ammirano nel loro intimo, tanto più lo denigrano.

Sarà capitato anche a voi di esservi prodigati, di

aver profuso, nel vostro lavoro, tesori di intelligenza e di pazienza. Poi, quando avete realizzato la cosa più bella, al posto di un riconoscimento avete ricevuto solo uno sguardo di disprezzo, una battuta ironica. E, dietro questa critica, avete sentito il rancore provocato proprio dal fatto che eravate stati bravi.

Ripetiamo la domanda. Perché dobbiamo essere buoni? Ed è la stessa terribile domanda che risuona nella Bibbia e nel Talmud. Perché, si chiedevano gli ebrei, noi che siamo miti, che rispettiamo le leggi dello Stato e la Torah divina, siamo oppressi e perseguitati dai violenti? Perché i giusti soffrono e gli empi sono tranquilli? E trovavano la risposta nella fede religiosa. Dio, alla fine, ricompenserà i buoni e punirà i malvagi secondo giustizia.

Ma adesso che risposta diamo? Ogni epoca è costretta a ripetersi la stessa domanda e a trovare la sua risposta. Nella nostra epoca disincantata, che non crede nell'inferno e nel paradiso, dovremmo poter dimostrare con un ragionamento che conviene esser buoni, darne la dimostrazione scientifica. Ma non c'è proprio nessun calcolo dei costi-benefici che giustifichi l'essere buoni. Non «ci si guadagna nulla». E allora, perché si deve fare?

L'unica risposta è questa: per dono, perché vogliamo bene a qualcuno. Perché vogliamo far del bene a nostro figlio, ai nostri amici, alla nostra città, alla natura, a chi verrà. Se non c'è questo «voler bene» originario, libero, immotivato, gratuito, questo dono che sorge direttamente dalla nostra natura umana e dalla nostra libertà, non ci può essere nessuna moralità.

Il progresso umano avviene perché ogni uomo è capace di donare. Tutta la moralità del mondo non viene da un calcolo egoistico, ma da una energia primigenia che porta gli uomini a creare, a fare di più, a dare di più anziché prendere. Qualcuno può chiamarlo istinto, ma è un istinto con cui la natura si contrappone a se stessa, alle sue stesse leggi, alla pura lotta per l'esistenza, all'egoismo individuale, di gruppo. È un andare al di là, trascendersi. È questo che hanno fatto Jenner, Semmelweis e milioni di altri che hanno speso la loro vita lavorando, creando.

Una leggenda ebraica afferma che il mondo esiste perché trentasei giusti, umili e sconosciuti, controbilanciano il male che lo distruggerebbe. È una verità profonda. Per fortuna i giusti sono molti, molti di più.

L'ANIMO NOBILE

Nelle conversazioni quotidiane in casa, sul lavoro, fra amici, ma anche nella stampa, nella televisione, tendiamo sempre di più ad usare un linguaggio impoverito, che non riesce a descrivere le qualità spirituali e morali di una persona. E, quando non sappiamo più nominarle, smettiamo anche di vederle. Per recuperare questa capacità dobbiamo rallentare il ritmo, riportare alla luce antiche parole.

Proviamo a fare uno di questi scavi. Proviamo a prendere una delle vecchie espressioni come «animo nobile». Si può ancora usare? Ci sono anche oggi delle persone di animo nobile? Proviamo ad identificarle, a descriverle, distinguendole da quelle di animo meschino.

Ha un animo nobile chi non è rinserrato su se stesso, chi non si occupa soltanto del suo Io, del suo interesse, ma che ha energia e ricchezza interiore per dedicarsi anche agli altri, per farsi carico dei loro bisogni. Chi si spende, chi si prodiga. Quindi un generoso. Ma con qualcosa di più. Vi sono persone buone d'animo, oneste, con un orizzonte mentale limitato. Sono convinte che il loro partito sia il migliore, che la loro religione sia la migliore, pensano sempre di sapere che cosa è bene e che cosa è male. In realtà non sanno uscire dal proprio punto di vista unilaterale. C'è invece una generosità intellettuale, una apertura mentale, capacità di comprendere, nel proprio universo, anche il punto di vista degli altri e di vedere se stessi come loro, in modo relativo. Chi ha un animo nobile non si sopravvaluta, sa imparare ed è riconoscente.

Le persone di animo povero, meschino, vedono solo la propria meta. Confondono il proprio utile con la giustizia. Se qualcuno ostacola i loro desideri lo odiano, lo insultano, lo denigrano, sono disposti a commettere nei suoi riguardi qualsiasi ingiustizia, qualsiasi malvagità. L'animo nobile cerca di raggiungere la meta, ma non odia l'avversario. Lo rispetta, gli riconosce un valore, una dignità. Finita la lotta dimentica la collera, non coltiva nel cuore il desiderio di vendetta, perdona.

Spesso si confonde l'orgoglio con la dignità. Orgoglio è mettersi al di sopra degli altri. Dignità vuol dire sapere che certe qualità hanno valore e che vanno salvaguardate. Chi ha dignità non si abbassa a compiere atti ignobili. E non sopporta nemmeno che gli altri vengano costretti a farlo, che vengano umiliati. Sto pensando a certi personaggi di Dostoevskij, instabili, che oscillano paurosamente fra l'umiliazione, l'odio e l'eccesso. La storia dell'Urss ha dimostrato quali orrori possono creare.

Le persone d'animo nobile vogliono attorno a sé uomini liberi. Preferiscono esporre i propri programmi con chiarezza, ascoltare apertamente le obiezioni. Governano con il consenso, stimolando, convincendo, trascinando gli altri. Creano attorno a sé un senso di fiducia. Nessuno si aspetta inganni e trabocchetti perché le regole del gioco sono chiare, e loro sono i primi a rispettarle. Sanno rimproverare chi si comporta male e premiare chi merita. Tutto questo richiede esercizio e disciplina, che si traduce in un equilibrio intimo, in armonia interiore.

La nobiltà d'animo ci fa venire in mente anche la tenacia, il coraggio morale di chi sa resistere, nella solitudine, alla sventura, la forza di chi non cede alle tentazioni. E possiamo domandarci, a questo punto, se questo tipo di persone esistano veramente o non appartengano al mito dei cavalieri senza macchia e senza paura. Per fortuna ce ne sono, e a tutti i livelli sociali. Anche in alto, dove c'è più potere e più competizione. Se guardiamo il mondo con animo sereno, le riconosciamo. È grazie a loro che la nostra vita resta gradevole.

All'inizio del mondo moderno Lutero ci ha ricordato che una azione non ha valore morale se la facciamo per evitare un danno o per avere un vantaggio. Non è morale fare il bene per paura dell'inferno o per desiderio del paradiso.

Quando si sono indeboliti i comandamenti religiosi, Kant li ha sostituiti con i comandamenti della ragione. Anche per Kant un'azione ha valore morale solo se non viene compiuta in vista di qualche interesse o per paura di una punizione. La persona morale agisce in base al puro senso del dovere. Porta la legge morale nel suo cuore sempre e dovunque. Non ha bisogno di controlli esterni, di giudici o di poliziotti. Non si trincera dietro scuse e giustificazioni.

L'imperativo morale dice: «Ogni volta che compi un'azione, qualsiasi tipo di azione, devi sempre agire in base alla norma che vorresti erigere a legge universale. Quella che vorresti che tutti applicassero, sempre e dovunque. Una volta stabilito quale sia, dovrai esser tu a rispettarla fino in fondo».

Vorresti che tutti dicessero la verità? Allora dirai sempre la verità. Vorresti che tutti pagassero le tasse?

Allora tu denuncerai fino all'ultima lira. Vorresti che tutti rispettassero i limiti di velocità? Allora non li supererai mai.

La morale non dà diritti, ma solo doveri. Non ci si può appellare alla morale per esigere questo o quello. Non ammette nel modo più assoluto scuse del tipo: «Ma lo fanno tutti». La morale non impone nulla agli altri, non parla degli altri. Essa impone dei doveri soltanto a te, dice cosa devi fare tu.

La corrispondenza immediata fra sapere che cosa è bene e sentirsi impegnato a farlo è la rettitudine. Una cosa che noi italiani abbiamo poco. Lo diceva anche Hegel: gli italiani conoscono l'universale, ma non lo rispettano.

L'automobilista dice che tutti dovrebbero rispettare i limiti di velocità, però lui va a 180 all'ora. Lo studente sostiene che i professori sono ingiusti, però lui copia il compito da un compagno. Il commerciante si lamenta perché la gente non paga le tasse, però lui evade l'Iva. Il politico accusa l'avversario di menzogna, però anche lui dice il falso.

Questa moralità ipocrita, rovesciata, è il moralismo. Il moralista, come il Tartufo di Molière, si atteggia a moralizzatore integerrimo, poi fa quello che vuole. Ha sempre in bocca espressioni morali come diritto, dovere, bene, male, giusto, ingiusto. Però, come nella parabola del Vangelo, vede il fuscello nell'occhio dell'altro, non la trave nel suo.

I sentimenti specifici della moralità sono il senso del dovere, il senso di colpa, il pentimento e il rimorso. Invece il moralista condanna, si indigna, protesta, stigmatizza, chiede giustizia, punizioni esemplari. Guarda sempre gli altri, mai se stesso.

L'interiorizzazione della morale universale come rettitudine è una delle più grandi conquiste della civiltà occidentale. Rende possibili i rapporti fra gli uomini anche quando non c'è una legge esterna, il gendarme a controllarli. È la base del credito e del funzionamento del mercato. È l'unico fondamento per l'onestà politica.

«Gli uomini» dice una celebre frase «se ricevono il male lo scrivono nel marmo, se ricevono il bene lo scrivono nella polvere.» È uno degli aspetti oscuri dell'animo umano, una delle proprietà malvagie della nostra mente, qualcosa che ci portiamo dentro come se fossero le stigmate del peccato originale.

Lo vediamo ogni giorno nei mezzi di comunicazione di massa, i giornali, la televisione. Se voi leggete attentamente frase per frase tutto ciò che viene scritto, se esaminate con cura ogni parola detta, vi accorgerete che le espressioni di elogio, gli aggettivi che esprimono ammirazione, riconoscenza, sono scarsissimi. Si trovano un po' nel campo dell'arte e sono rivolti ad alcuni autori consacrati, sempre gli stessi. Ma al di fuori di questo ristrettissimo settore ciò che fa titolo, ciò che fa notizia, è la critica, l'accusa, lo scandalo. Gli articoli trasudano indignazione e condanna. E di quella persona che viene accusata o condannata non si dice mai, assolutamente mai, ciò che ha fatto di buono nel passato. Non è successo nemmeno con Churchill che ha condotto la sua nazione e l'intero Occidente alla vittoria contro il nazismo, nemmeno di de Gaulle che ha salvato la Francia dalla guerra civile. Gli americani, all'epoca del Watergate, non hanno mai, nemmeno per un istante, riconosciuto a Nixon il merito di aver risolto la tragedia del Vietnam. L'hanno fatto solo dopo la sua morte.

Si dice che Dio, nel giorno del giudizio, userà una bilancia a due piatti. Sul primo metterà i meriti, sul secondo i demeriti di ogni essere umano. Invece la nostra bilancia è truccata e basta un peso insignificante, un granello di polvere, per farla traboccare dalla parte del male, e per sempre. Proviamo a pensare a come ci siamo comportati nella nostra vita quotidiana. Per anni siamo andati in un negozio, dove ci hanno sempre trattato bene, con gentilezza, portandoci la roba a casa. Ci fermavamo a chiacchierare, con confidenza. Poi, è successo un fatto insignificante, un conto sbagliato, un equivoco, ci siamo impuntati e ce ne siamo andati sbattendo la porta. Indignati abbiamo cambiato negozio, e ancora oggi, ripensandoci, ci sentiamo avvampare di collera.

Forse questo avviene perché la relazione è superficiale, fondata sullo scambio? Andiamo in un negozio, ci serviamo da un artigiano perché ci tratti bene, non abbiamo altri legami con lui. No, no. Noi reagiamo nello stesso modo spietato anche nel caso di un'amicizia profonda, durata anni ed anni. A volte basta uno sgarbo, una incomprensione, una dimenticanza, oppure una mancanza di tatto del marito, o della moglie, e si mette in moto un processo che conduce ad una rottura insanabile. Allora il passato viene cancellato, devastato. E nel conflitto fra innamorati, nel divorzio? Tutto il bene ricevuto, tutte le gioie condivise svaniscono. La memoria diventa un abisso che divora metà della vita in una immensa amnesia.

Si ricorda soltanto il torto. Ingigantito, indelebile, scolpito nel marmo, e se tentiamo di riabilitare un brandello positivo, di separarlo dal resto del vissuto, facciamo fatica perché nella mente accorrono un corteo di gesti sbagliati, di parole velenose. Un po' smarriti ci chiediamo come chiamare questa tirannia della memoria, questo meccanismo perverso della mente.

Un tempo la teologia morale lo conosceva: è l'ira, il vizio capitale dell'ira, l'opposto esatto del perdono. Nel perdono la bontà del presente illumina di sé il passato. Nell'ira la malvagità del presente lo travolge. E la giustizia? La giustizia non c'entra. La giustizia è un alibi. È il grande ombrello sotto cui razionalizziamo le nostre passioni aggressive, sotto cui ci sentiamo nobili e civili.

IL PATTO COL DIAVOLO

Qualche anno fa Claudio Magris ha scritto un articolo molto bello, in cui sostiene la tesi che il patto tra Faust e Mefistofele, oggi, non avrebbe più senso. Perché non ci sono più valori assoluti, certezze. Non c'è più, ben netto, da un lato il bene, dall'altro il male.

Eppure, più ci ripenso, più trovo che c'è sempre un momento, nel corso della nostra vita, in cui ci viene proposto il patto col diavolo. Di scambiare cioè la nostra anima, la nostra integrità, con un vantaggio grandissimo, qualcosa che desideriamo ardentemente. L'amore, la ricchezza, il successo, il potere. Magari anche il successo del nostro partito, il trionfo della nostra causa.

Mi viene anche in mente un vecchio film, *Vincitori e vinti*, con Spencer Tracy che impersona un giudice americano al processo di Norimberga. L'imputato era un grande magistrato tedesco, un uomo integerrimo, che aveva addirittura cercato di aiutare i perseguitati. Ma, agli inizi del nazismo, si era prestato a inscenare il primo processo falso contro gli ebrei. Quando, per difendersi, dirà che non sapeva nulla dei campi di sterminio, di tutti quei morti, che non avrebbe potuto nemmeno immaginarli, il vecchio giudice americano gli risponde: «No, lei poteva immaginarlo il giorno in cui condannò un uomo sapendolo innocente». Era stato questo, per lui, il patto col diavolo.

Intendiamoci, è possibile prendere una strada sbagliata, contraria alla nostra più intima vocazione per errore, per superficialità. Ma subito dopo ce ne accorgiamo, siamo presi da dubbi, correggiamo il nostro errore. Le decisioni di cui parlo sono più profonde. Nei momenti cruciali noi sappiamo che quella scelta sarà gravida di conseguenze. Che dovremmo essere coerenti, coraggiosi fino in fondo e che, invece, compiamo un cedimento. Che scegliamo quella strada perché è la più facile, la più comoda. Oppure per ambizione, per avidità, per opportunismo. All'inizio siamo lucidi. Poi resteremo coinvolti, irretiti.

Agli inizi il problema morale, se è un vero problema morale e non una buffonata, ci si presenta sempre come dilemma. Non c'è da un lato il bene e dall'altro il male. No, ci sono sempre due alternative che ci appaiono entrambe bene, entrambe importanti. Solo se abbiamo l'animo libero, se siamo abissalmente sinceri con noi stessi, avremo la forza di abbracciare quella che sentiamo più vera e più giusta.

L'adesione a una ideologia fanatica incomincia sempre con un atto di debolezza morale e intellettuale. Comporta sempre una certa dose di autoinganno. I nazisti si compiacevano del loro odio per gli ebrei. Potevano ignorare l'esistenza dei campi di sterminio, ma se l'avessero saputo li avrebbero tollerati. I comunisti, fin dall'inizio, hanno scelto la via della violenza, della rivoluzione. Se avessero saputo che Stalin aveva fatto massacrare milioni di persone, lo avrebbero giustificato.

Anche la vicenda della corruzione politica italiana è stata un patto col diavolo. Molti dei nostri uomini politici avevano degli ideali di giustizia, di rinnovamento, di onestà. Però c'è stato un momento in cui si sono autoconvinti che era indispensabile usare finanziamenti illegali proprio per realizzarli. Che non c'era altro da fare. Ma davvero non c'era nessun'altra strada? Esisteva certamente, ma era più difficile, più faticosa da cercare. Il male è facile.

SOMMARIO

VIZI QUOTIDIANI

PER CHI COMANDA

ESSERE SE STESSI

BUR

Periodico settimanale: 14 luglio 2004
Direttore responsabile: Rosaria Carpinelli
Registr. Trib. di Milano n. 68 del 1°-3-74
Spedizione in abbonamento postale TR edit.
Aut. N. 51804 del 30-7-46 della Direzione PP.TT. di Milano
Finito di stampare nel luglio 2004 presso
il Nuovo Istituto Italiano d'Arti Grafiche - Bergamo
Printed in Italy

ISBN 88-17-25860-1